KB040198

모두를 위한 메타버스

스토리텔링
젭(ZEP) 크리에이터

─ 스토리텔링 기반으로 보다 쉽게 젭(ZEP) 만들기! ─

송해남·김태령·박미림·전혜린 공저

(주)광문각출판미디어
www.kwangmoonkag.co.kr

머리말

안녕하세요, 미래의 메타버스 크리에이터 여러분!

디지털 기술의 발전과 함께 우리는 새로운 시대를 맞이하고 있습니다. 이제는 단순히 인터넷에서 정보를 찾고 소통하는 것을 넘어서, 가상 공간에서 자신만의 세계를 창조하고 다른 사람들과 교류할 수 있는 메타버스의 시대가 열리고 있습니다. 이 책, 스토리텔링 ZEP은 여러분이 그 새로운 세상의 주인공이 될 수 있도록 돕기 위해 준비되었습니다.

메타버스는 단순한 게임이나 소셜미디어를 뛰어넘어 교육, 직업, 예술 등 다양한 분야에서 무궁무진한 가능성을 제공합니다. 여러분은 이 책을 통해 메타버스의 기초부터 시작하여, 메타버스 공간을 디자인하고, 가상의 캐릭터를 만들며, 다양한 사용자들과 소통하는 방법까지 배울 수 있습니다. 특히 여러분이 어릴 적부터 읽고 들었던 동화, 판타지 이야기들은 이제 메타버스에서 새로운 생명을 얻게 됩니다. 이 책은 여러분이 좋아하는 이야기를 메타버스 플랫폼인 ZEP을 통해 구현하는 방법을 단계별로 안내합니다. 여러분은 ZEP을 이용해 캐릭터를 만들고, 가상 공간을 디자인하며, 스토리라인을 설정하고, 친구들과 함께 그 이야기를 직접 체험할 수 있습니다. 그리고 여러분들의 방식대로 바꿔 나갈 수 있습니다.

이 책은 초등학생부터 고등학생까지 다양한 연령대의 학생들을 대상으로 작성되었습니다. 따라서 쉽게 따라할 수 있는 단계별 설명과 실습 활동을 통해 여러분이 직접 메타버스 크리에이터로서의 첫발을 내디딜 수 있도록 도와드립니다. 그뿐만 아니라 흥미로운 이야기 속 사례를 통해 메타버스의 매력을 더욱 깊이 이해할 수 있을 것입니다. 메타버스 크리에이터는 단순히 기술을 배우는 것을 넘어, 창의력과 상상력을 발휘하여 새로운 세계를 만드는 사람들입니다. 여러분도 이 책을 통해 자신의 아이디어와 꿈을 현실로 만들어 가는 즐거움을 경험하기를 바랍니다.

그럼 이제, 메타버스의 무한한 가능성 속으로 함께 떠나 봅시다!

저자 일동

목차

1장

ZEP 알아보기

1-1. ZEP 회원 가입 / 로그인하기

① ZEP 검색 또는 zep.us에 접속한다.

② 구글로 로그인 / 웨일 스페이스로 로그인 / 기타 이메일 중 하나를 선택해서 회원 가입
(로그인)한다. 이메일로 가입한 경우 인증 코드 6자리를 이메일에서 확인하여 입력한다.

1-2. ZEP 둘러보기 (기본 기능)

A. 내 프로필 설정하기

① 둘러보기에서 하나의 공간을 선택하여 접속한다.

② 우측 상단의 내 프로필 그림을 클릭한다.

③ ✎ 버튼을 눌러 내 이름을 변경한다.

④ 이름을 변경한 후 [저장하기] 버튼을 클릭한다.

⑤ ❸에서 [아바타 꾸미기] 버튼을 클릭한다.

⑥ 헤어, 의류, 피부, 얼굴 모양을 변경한 후 [저장] 버튼을 클릭한다. 랜덤 꾸미기 방식
도 가능하다.

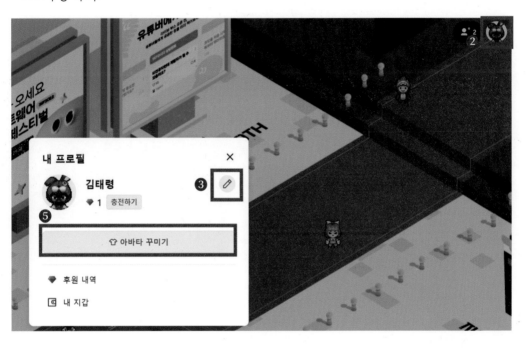

B. 다른 사람의 프로필 보기

① 오른쪽 상단 사용자 목록을 띄운다.

② 상대방의 아이디를 클릭한다. (상대방 캐릭터를 더블클릭해도 됩니다.)

③ 상대의 프로필을 확인하고 상호 작용할 수 있다.

　③-1. 메시지 보내기: 화면 좌측 하단에 채팅창이 생성되고 개별 채팅이 가능하다.

　③-2. 알림 주기: 상대방에게 알림음을 전달한다.

　③-3. 옷 따라 입기: 상대방과 같은 옷으로 변경된다.

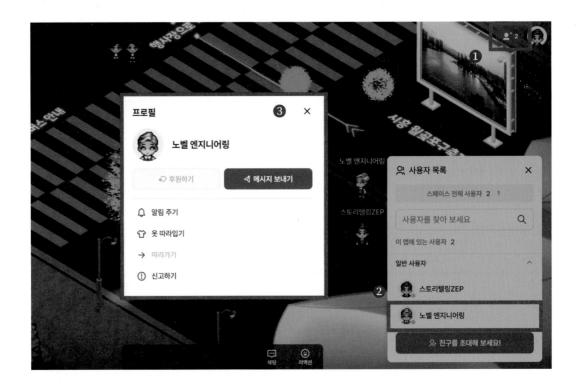

C. 아바타 조종하기

① 이동하기: 방향키 / WASD / 마우스 더블 클릭 중 하나를 사용한다.

　①-1 이동하기(태블릿): 이동 패드를 이용한다.

② 점프: SPACE 키를 누른다.

　②-1 점프(태블릿): 점프 버튼을 클릭한다.

③ 찌르기: Z 키를 누른다.

④ 앉기: X 키를 누른다.

⑤ 춤추기: 숫자 0을 누른다.

⑥ 리액션: 숫자 1~5 중 하나를 누른다.

D. 채팅과 리액션

① 캐릭터를 움직이는 중 채팅창을 클릭하여 대화를 입력한다.

② 대화를 입력한 뒤 Enter를 누르면 채팅을 할 수 있다.

③ 대화창을 크게 만들 수 있다.

④ 대화창을 없앨 수 있다.

⑤ 다시 대화창을 보이게 한다.

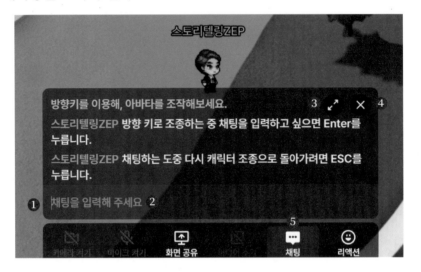

⑥ 리액션 창을 열어 리액션을 할 수 있다.

⑦ 해당 리액션을 클릭하거나 숫자 버튼을 눌러 (순서대로 1, 2, 3, 4, 5, 0) 리액션을 할 수 있다.

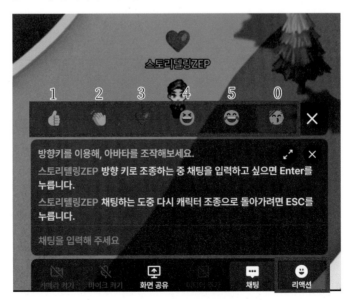

E. 사용자 목록 보기와 초대하기

① 오른쪽 위 사용자 목록 보기 버튼을 클릭한다.

② 다른 사용자의 프로필이나 카메라, 마이크 상태를 확인할 수 있다.

③ 초대 링크를 복사하거나 입장 코드를 공유하여 접속할 수 있다.

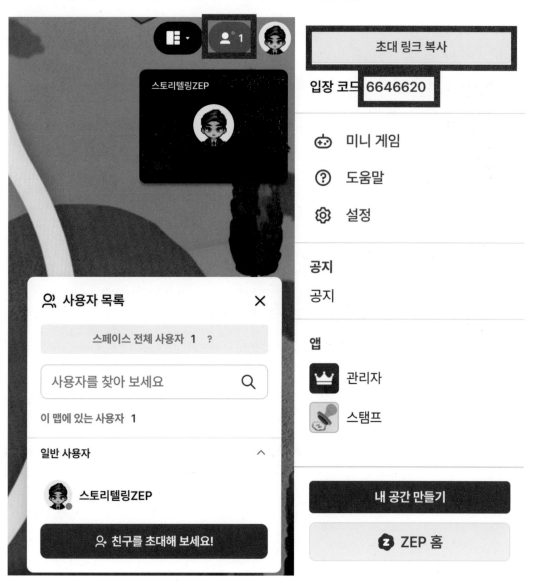

F. 오디오와 비디오 공유하기

① '카메라 켜기'를 통해 내 카메라 화면을 공유한다.

(카메라 켜기 버튼을 클릭했을 때 브라우저에서 '허용' 버튼을 클릭해야 하며, 맵 관리자가 비디오/오디오 공유를 허용해야 한다.)

② '마이크 켜기'를 통해 내 오디오를 공유한다.

③ '화면 공유'를 통해 내가 공유하고 싶은 화면을 공유한다.

　③-1. 가까운 사람에게만 비치며 '스포트라이트' 공간에서는 맵 전체에, '프라이빗 공

　간'에서는 같은 번호의 프라이빗 공간에 있는 사람끼리만 공유된다.

　③-2. 화면 공유 시 컴퓨터 소리도 함께 공유하고 싶을 때는 '탭 오디오 공유' 버튼을

　클릭한다.

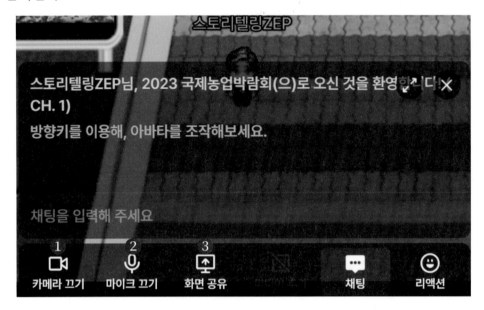

1-3. 템플릿 사용하여 나만의 스페이스 꾸미기

A. 스페이스 만들기

① ZEP에 로그인한 후 [+스페이스 만들기] 버튼을 클릭한다.

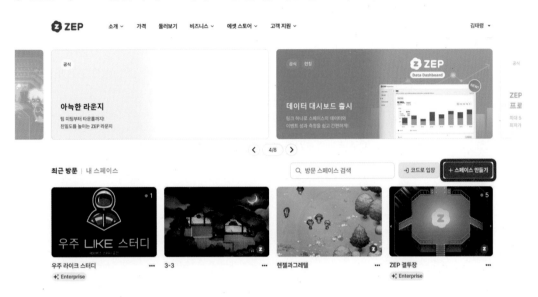

② '빈 맵에서 시작하기'를 선택한다. 템플릿을 활용하여 맵을 제작할 수도 있다.

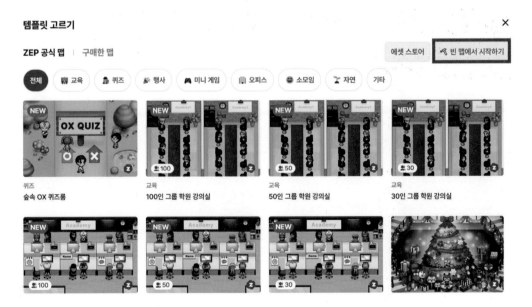

③ 스페이스 설정에서 이름과 옵션을 설정한 뒤 [만들기] 버튼을 클릭한다.

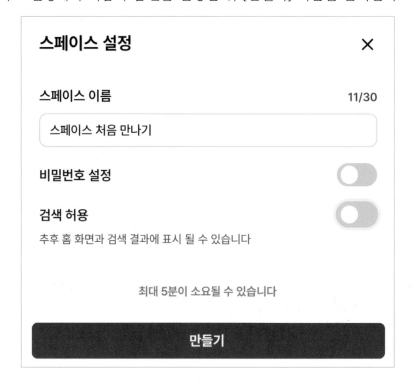

④ 스페이스가 만들어지면 [설정]에서 기타 세부 설정을 관리한다.

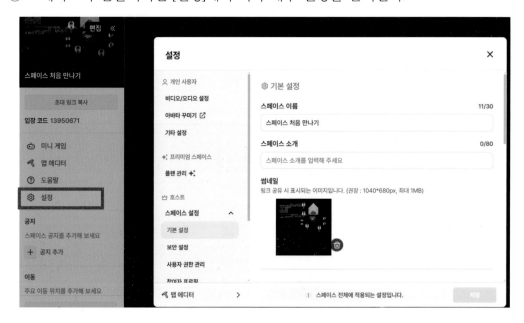

구분	설정	설정 내용
개인 사용자	비디오/오디오 설정	내 카메라/마이크/스피커 장치 설정하기
	아바타 꾸미기	나의 아바타 꾸미기
	기타 설정	배경 음악 볼륨, 프레임 속도 제한, 저전력 모드 사용 여부
프리미엄 스페이스	플랜 관리	유료 결제 플랜 관리
호스트	기본 설정	스페이스 이름, 소개, 썸네일, 사이드바 이미지, 친구 초대 기능 여부, 사이드바 고정 여부, 최초 입장 맵 설정, 차단 키워드 설정 등
	보안 설정	스페이스 비밀번호 설정, 비로그인 사용자 입장 제한, 스페이스 검색 허용 여부, 방문 기록 여부
	사용자 권한 관리	사용자 초대하기, 사용자별 권한 관리하기(소유자, 관리자, 스태프, 에디터, 멤버, 호스트)
	참여자 프로필	상세 정보 표시 여부, 닉네밍 입력받기 여부
	고급 설정	나만의 URL 만들기, 로딩 로고, 로딩 글자 색상, 로딩 이미지, 지갑 기능, 후원 기능 등
맵 설정	맵 설정	기본 설정, 비디오/오디오 설정, 채팅, 임베드, 기타 등

1-4. 맵 에디터로 제작하기

A. 맵 에디터 기본 배우기

① 플레이 화면의 좌측 사이드바에서 [맵 에디터]를 선택한다.

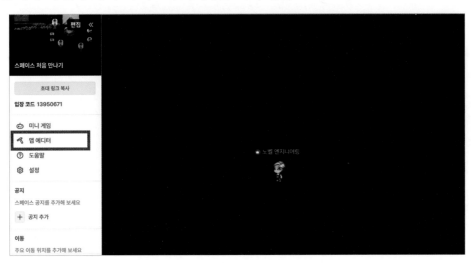

② 상단 왼쪽에 위치한 메뉴에서 필요한 것을 선택한다.

③ 상단 가운데에서 필요한 기능을 선택한다.

④ 가운데 오른쪽에서 필요한 타일 또는 오브젝트 등을 선택하여 배치한다.

B. 도구별 기능 탐색하기

① 도장(Q): 해당 타일 또는 오브젝트를 배치한다.

② 지우개(W): 해당 타일 또는 오브젝트를 삭제한다.

③ 화살표(E): 마우스 드래그 & 드롭으로 맵을 이동할 때 쓴다. (마우스 휠 사용 시 줌인 & 줌아웃)

④ 스포이드(R): 해당 타일 또는 오브젝트를 복사할 때 쓴다. (스포이드 사용 시 도장으로 자동 변경)

⑤ 되돌리기: 마지막으로 사용한 동작을 취소한다. (Ctrl+Z)

⑥ 다시하기: 마지막으로 취소한 동작을 다시 실행한다. (Ctrl+Shift+Z)

⑦ 맵 크기조정: 맵 크기를 변경한다. (최대 312*312타일)

C. 기능별 둘러보기

 바닥(1)　 벽(2)　 오브젝트(3)　 상단 오브젝트(4)　 타일 효과(5)

① '바닥⑴'과 '도장⒬' 선택 – 바닥 '모양'을 선택 후 맵을 채운다.

　①-1 '음향 파일 설정'을 통해 배경 음악을 추가할 수 있다.

　①-2 '배경 화면 설정'을 통해 내 컴퓨터의 이미지를 배경 화면으로 설정 가능하다.

　①-3 '앞화면 설정'을 통해 아바타보다 앞에 보이는 배경을 업로드할 수 있다.

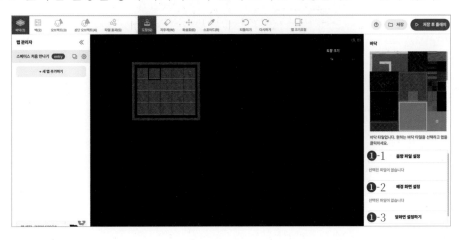

② '벽⑵'과 '도장⒬' 선택 – 벽 '모양' 선택 후 맵을 채운다. (벽 모양은 캐릭터가 지나갈 수 없다.)

③ '오브젝트⑶'와 '도장⒬' 선택 - 오브젝트 선택 후 맵에 배치한다.

오브젝트	내용
텍스트 오브젝트	텍스트 오브젝트 입력 후 배치하기
나의 오브젝트	원하는 모양의 오브젝트 추가(JPG, PNG, WebP, GIF)
OOO 오브젝트 세트	에셋 스토어에서 구매한 오브젝트 추가
워드아트	금색, 은색의 알파벳 추가 가능
회전 및 반전	오른쪽/왼쪽으로 회전, 상하/좌우 반전
크기 조절	가로(W)와 세로(H) 길이 조절
위치 조정	가로 위치(X)와 세로 위치(Y) 조절

④ '상단 오브젝트⑷'와 '도장⒬' 선택 - 아바타보다 상단에 있는 오브젝트를 배치할 수 있다.

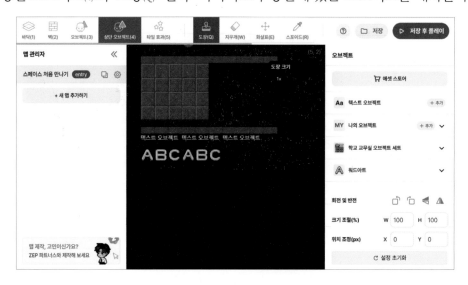

오브젝트: 아바타가 오브젝트 위로 올라갑니다.	상단 오브젝트: 오브젝트가 아바타보다 상단에 위치합니다.

⑤ '타일 효과(5)'와 '도장(Q)' 선택－타일에 특수 효과를 지정할 수 있다.

⑤-1. 통과 불가 ■: 아바타가 통과하지 못하는 타일을 지정한다.

⑤-2. 스폰 ■: 아바타가 해당 맵에 접속했을 때 생성되는 장소를 지정한다.

⑤-3 포털: 다른 곳으로 이동하는 포털을 설정할 수 있다.

화면	메뉴	설명
	이동 설정 이동할 맵	스페이스 내 다른 맵으로 이동(동일 스페이스 내 다른 맵) 맵 내 지정 영역으로 이동(스폰/지정 영역 중 선택하여 이동) 외부 스페이스 이동(다른 스페이스로 주소 지정 이동)
	지정 영역	스폰 영역■ 또는 지정 영역■으로 이동 설정
	표시 이름	아바타가 근처로 가면 메시지 출력
	이동 방법	'F'키로 이동 또는 자동 이동 설정
	포털 오브젝트 숨기기	체크하지 않으면 형태로 포털이 눈에 보이고, 숨기기 설정을 하면 눈에 보이지 않게 설정 가능

⑤-4 지정 영역 ■: 지정 영역 이름과 너비/높이를 설정 후 맵에 설정한다.

(추후 포털 장소 등으로 이용)

⑤-5 프라이빗 공간 ■: 공간 안에서 유저 간 소통을 가능하게 한다. 공간 밖에서는 이 대화를 듣거나 볼 수 없다.

메뉴	설명
영역 ID	같은 ID 번호끼리 음성과 비디오 공유
통과 불가 프라이빗 영역	프라이빗 영역 진입 시 밝기가 다르게 표시
인원 제한 프라이빗 영역	한 타일에 한 명만 들어가도록 설정

⑤-6 스포트라이트 ■: 아바타의 음성과 화면을 맵 전체로 송출한다.

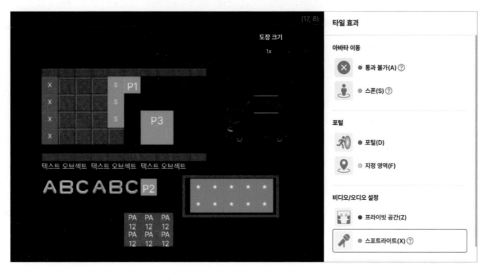

⑤-7 미디어: 유튜브 ■ / 웹 링크(인터넷 사이트) ■ / 배경 음악 ■을 재생한다.

D. 오브젝트 세부 설정하기

① '오브젝트(3)'-'도장(Q)' 지정 후 톱니바퀴를 선택한다.

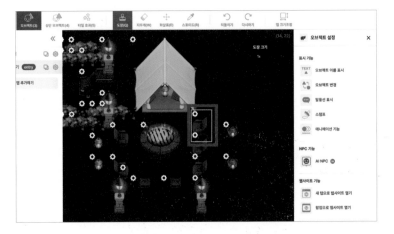

② 오브젝트에 다양한 설정을 적용할 수 있다. 오브젝트 설정은 한 오브젝트에 하나씩
가능하다.

화면	메뉴	설명
표시 기능 TEXT ▲ 오브젝트 이름 표시 ↑↵ 오브젝트 변경 💬 말풍선 표시 💊 스탬프 ◑ 애니메이션 기능	오브젝트 이름 표시	오브젝트 이름 설정, 오브젝트 이름 노출 여부
	오브젝트 변경	사용자가 다가가거나 상호 작용할 때 오브젝트 동작 오브젝트 사라지기, 교체하기, 개인에게만 사라지기
	말풍선 표시	말풍선 형태로 텍스트 띄우기
	스탬프	오브젝트를 스탬프로 사용(다녀갔는지 체크하는 기능)
	애니메이션 기능	여러 이미지를 이용하여 움직이는 그림 만들기(횃불, 파도 등)
NPC 기능 😊 AI NPC Ⓝ	AI NPC	인공지능으로 대화하는 NPC 만들기
웹사이트 기능 🌐 새 탭으로 웹사이트 열기 🌐 팝업으로 웹사이트 열기	새 탭으로 웹사이트 열기	상호 작용 시 새 탭으로 웹사이트 열기
	팝업으로 웹사이트 열기	상호 작용 시 팝업으로 웹사이트 열기
팝업 기능 T 텍스트 팝업 🖼 이미지 팝업 🔒 비밀번호 입력 팝업 ☰ 객관식 팝업	텍스트 팝업	팝업으로 텍스트 띄우기
	이미지 팝업	팝업으로 이미지 띄우기
	비밀번호 입력 팝업	팝업으로 비밀번호 입력창 띄우기 / 비밀번호 입력 시 특정 동작 실행
	객관식 팝업	객관식 팝업 띄우기

1장

2장

3장

4장

1장. ZEP 알아보기

③ '말풍선 표시' 기능을 예시로 설명한다. 여타 기능들은 2, 3, 4부에서 스토리텔링 상황에 녹여 체험해 보자.

화면	메뉴	설명
	이름(선택 사항)	오브젝트 이름 설정 (이름 설정 시 오브젝트 상단에 이름 표시)
	말풍선 종류	한 가지 내용의 고정 말풍선과 여러 가지 내용 중 랜덤으로 선택되는 랜덤 말풍선 으로 설정 가능
	말풍선 텍스트	입력하고 싶은 텍스트 내용 설정
	실행 범위	오브젝트와 상호 작용이 가능한 범위 숫자가 작을수록 가까이 다가가야 상호 작용이 가능 (이 숫자는 타일 칸 수를 기준으로 설정)
	실행 방법	F키를 눌러야 실행할 것인지 자동으로 실행할 것인지 선택 가능

1-5. 에셋 스토어 알아보기

A. 에셋 스토어 둘러보기

① 상단 메뉴의 에셋 스토어로 접속한다.

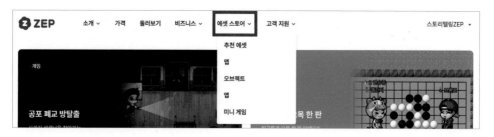

② 에셋을 살펴본다.

메뉴	설명
맵	공식 맵 또는 사람들이 제작하여 업로드한 맵을 구매하여 사용할 수 있습니다. (예: 방 탈출, 공부방, 달리기 맵 등 다양한 맵)
오브젝트	공식 오브젝트 또는 사람들이 제작하여 업로드한 오브젝트를 구매하여 사용할 수 있습니다. (예: 캠핑장 오브젝트, 보물상자, 크리스마스 관련 오브젝트 등)
앱	나의 맵에 다양한 기능을 추가할 수 있는 앱을 추가합니다. (예: 타이머 기능, 순간 이동 기능, 탑승 아이템, 코스튬 기능 등)
미니 게임	게임이나 퀴즈 등 완성된 미니 게임을 추가합니다. (예: 체스, 그림퀴즈, 눈 피하기, 주사위, 얼음땡 등)

③ 필요한 기능을 구매한다.

B. 에셋 스토어 추가하여 내 맵에 사용하기

① 내 스페이스로 접속한다.

② 필요한 오브젝트를 선택한 후 기존 오브젝트와 같이 배치한다.

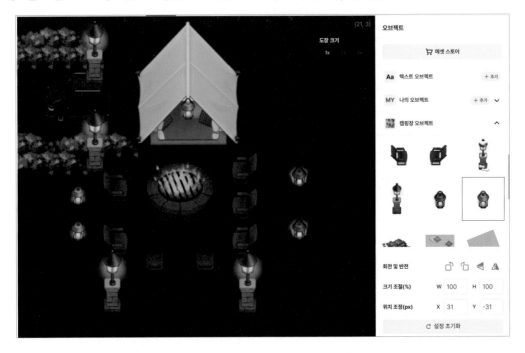

1-6. 기타 기능 살펴보기

A. 미니 게임

① 다양한 미니 게임을 살펴본다.

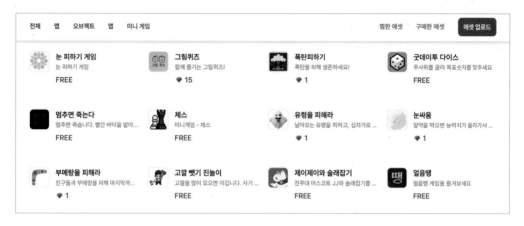

② 미니 게임을 사용할 수 있도록 맵 설정에서 확인한다. (기본 상태: 체크됨)

③ 메뉴에서 '미니 게임'을 선택하여 필요한 미니 게임을 실행한다. (각각의 미니 게임은 4부에서 자세히 다룰 예정이니 참고하자.)

④ 미니 게임의 종류에 따라 종료 조건이 다르다. 만약 호스트가 강제로 종료하고 싶다 면 미니 게임기 오브젝트 위에서 점프하면 종료된다.

B. 호스트 명령어

① 플레이 중인 맵에서 채팅창에 '!help'를 입력한다.

② 필요한 커맨드를 입력하여 맵을 조정한다.

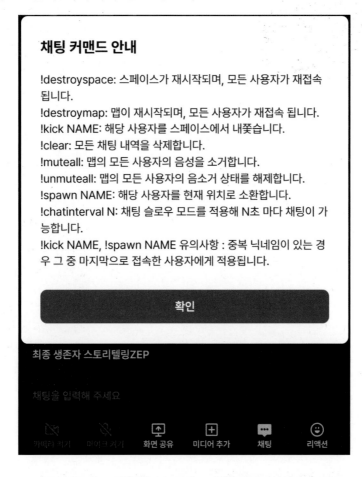

채팅 커맨드 안내

!destroyspace: 스페이스가 재시작되며, 모든 사용자가 재접속 됩니다.
!destroymap: 맵이 재시작되며, 모든 사용자가 재접속 됩니다.
!kick NAME: 해당 사용자를 스페이스에서 내쫓습니다.
!clear: 모든 채팅 내역을 삭제합니다.
!muteall: 맵의 모든 사용자의 음성을 소거합니다.
!unmuteall: 맵의 모든 사용자의 음소거 상태를 해제합니다.
!spawn NAME: 해당 사용자를 현재 위치로 소환합니다.
!chatinterval N: 채팅 슬로우 모드를 적용해 N초 마다 채팅이 가능합니다.
!kick NAME, !spawn NAME 유의사항 : 중복 닉네임이 있는 경우 그 중 마지막으로 접속한 사용자에게 적용됩니다.

확인

최종 생존자 스토리텔링ZEP

채팅을 입력해 주세요

카메라 끄기   마이크 끄기   화면 공유   미디어 추가   채팅   리액션

C. 앱 살펴보기

① 왼쪽 하단에서 앱을 추가할 수 있다.

② 필요한 앱을 설치한 후 다양하게 확장하여 사용 가능하다.

2장

기본 맵

ZEP 스토리
스페이스

2-1. 오즈의 마법사를 찾아서

 이야기 들어가기

도로시는 강아지 토토와 함께 캔자스의 농장에 살고 있었어요. 어느 날, 무서운 회오리바람에 휩쓸려 도로시의 집이 통째로 날아가 오즈의 나라에 도착하게 되었어요. 도로시가 집 밖을 나오니 마을 사람들이 환호하고 있지 뭐예요! 알고 보니 도로시의 집 아래에 나쁜 마녀가 깔려 죽은 것이었어요. 마을 사람들의 환호를 받던 도로시는 집으로 갈 수 있는 방법을 물어봤어요. 마을 사람들은 초록 에메랄드 성에 사는 오즈의 마법사라면 그 방법을 알 수 있을 것이라고 말해 주었어요. 도로시는 자신의 고향, 캔자스로 돌아가기 위해 오즈의 마법사를 찾는 여행을 떠나게 되는데!

 이야기의 등장인물 알아보기

▶ 도로시: 이야기의 주인공이에요. 원래 살고 있던 고향으로 돌아가기 위해 여행을 떠나요.
▶ 허수아비: 머리에 쓴 밀짚모자 안에는 지푸라기밖에 없어서 항상 주변에서 놀림을 받아요.
▶ 양철 나무꾼: 심장이 철로 되어 있어 따뜻한 마음을 가지고 싶어 해요.
▶ 사자: 다른 사자 친구들과는 달리 겁이 너무 많아요.
▶ 오즈의 마법사: 도로시와 친구들의 소원을 들어줄 수 있는 마법 능력을 가지고 있어요.

 이야기 속 문제 상황 파헤치기

 문제 ① 도로시는 오즈의 마법사를 만나기 위해 주어진 퀴즈를 모두 해결해야 해요!
문제 ② 허수아비, 양철 나무꾼, 사자에게 필요한 것이 무엇인지 알려줘요!

A. 스페이스 템플릿 고르기

① 교육-숲속 미로 퀴즈 템플릿을 선택한다. 미로 퀴즈 형태의 템플릿이라면 모두 사용 가능하다.

② 스페이스 설정에서 스페이스 이름을 입력하고 만들기 버튼을 클릭하여 스페이스를 생성한다.

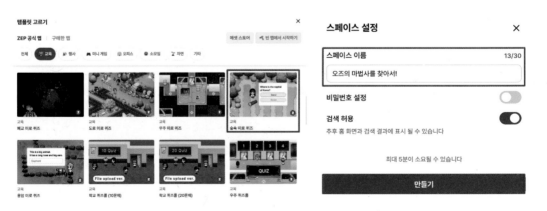

B. 도로시의 여행길 꾸미기

① 스페이스에 입장하면 좌측에 있는 '맵 에디터'에서 맵을 원하는 대로 꾸밀 수 있다.

② '오즈의 마법사' 이야기 속 주요 등장인물을 오브젝트로 추가해 보자.

③ 에셋 스토어에서 '학교 방 탈출 선생님, 기타 인물 NPC', '학교 친구들 캐릭터', '안내판 오브젝트'와 같이 필요한 오브젝트 세트를 미리 구매해 놓으면 편리하다.

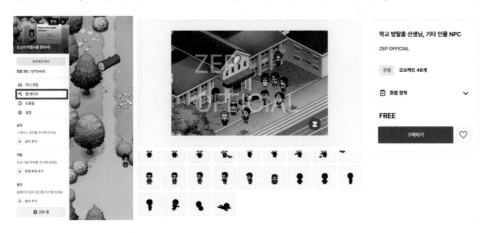

④ 오브젝트를 스페이스 화면에 추가하기 위해서는 맵 에디터 상단이 오브젝트(3) – 도장(Q)로 되어 있어야 한다.

⑤ 도로시가 오즈의 마법사를 찾으러 가는 길에 만나는 등장인물은 허수아비, 양철 나무꾼, 사자이다. 나무토막 근처에 적절히 배치해 보자.

⑥ 양철 나무꾼 오브젝트 근처에 '오즈의 마법사' 이야기 내용을 진행하기 위한 인물 오브젝트를 추가할 것이다.

⑦ 마지막 문제를 풀기 전 오즈의 마법사의 등장을 예고하는 안내판과 출구 근처에 오즈의 마법사의 역할을 할 인물 오브젝트를 둔다.

C. 스토리 만들기

① '오즈의 마법사' 이야기를 오브젝트에 입혀 보자.

② 인물 오브젝트를 클릭하면 말풍선 표시 기능으로 이미 입력된 내용이 있을 것이다.
말풍선 텍스트에서 해당 내용을 삭제하고, 도로시에게 여행길을 차근차근 안내하
는 대사로 바꿔 준다.

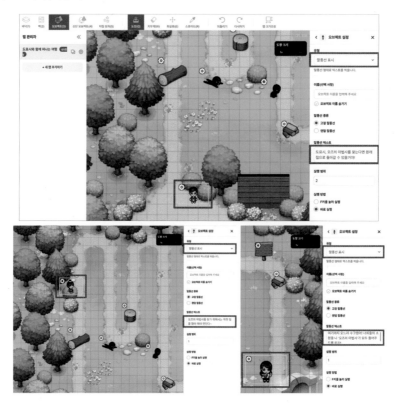

D. 퀴즈 만들기

① 도로시가 여행길에서 만난 여러 등장인물의 문제를 해결해 주기 위한 퀴즈를 만들 것이다.

② 먼저 오브젝트 설정–텍스트 팝업을 이용하여 등장인물(허수아비, 양철 나무꾼, 사자)의 상황을 설명하는 대사를 적어 본다.

(예)	허수아비	나는 허수아비야. 머릿속이 지푸라기로 가득 차 친구들에게 바보라고 항상 놀림을 받지… 나에게 무엇이 필요할지 맞혀 봐!
	양철 나무꾼	나는 매우 힘이 센 양철 나무꾼이야. 비를 맞아 팔다리가 녹이 슬어 움직이기 어려워… 내 문제를 해결해 줄 수 있을까?
	사자	어흥!!! 나는 사자야. 근데 겁이 아주 많아… 어떻게 해야 겁이 없어질까?

③ 오브젝트가 어떤 등장인물인지 알 수 있도록 이름을 적어 보아도 좋다.

④ 길을 지나갈 때 바로 캐릭터의 대사가 보이도록 실행 방법은 '바로 실행'으로 설정한다.

⑤ 스페이스 화면에서 나무토막을 클릭하면 퀴즈가 객관식 팝업으로 이미 설정되어 있다. 기존 내용을 삭제한 후 스토리텔링 맥락에 맞게 퀴즈 문제와 정답을 구성하여 입력하면 된다. 본 장에서는 퀴즈의 순서를 '도입–허수아비–양철 나무꾼–사자–종합1–종합2'로 하였다. 퀴즈 만들기가 어렵게 느껴진다면 제시된 예시를 참고해 보아도 좋겠다.

⑥ 선택지는 원하는 만큼 추가하거나 삭제할 수 있으며, 정답에 해당하는 알맞은 선택지를 클릭한다. 선택지의 내용이 너무 긴 경우 뒤 내용이 '…'로 생략될 수 있으므로 너무 길지 않게 입력하도록 유의한다.

⑦ 정답 선택 시 실행할 동작은 '개인에게만 오브젝트 사라지기'를 권장한다. '개인에게만' 단어가 포함되어 있으면 사용자별로 다르게 스페이스가 운영된다는 점을 참고하자.

⑧ 오답 메시지도 퀴즈의 분위기에 어울리게 작성한다.

⑨ 예시로 제시된 종합2 퀴즈를 풀기 위해서는 양철 나무꾼의 상황에 대한 추가 설명 이 필요하다. 'B. 도로시의 여행길 꾸미기'에서 중간에 넣어둔 인물 오브젝트에 말풍선 표시 기능으로 다음과 같은 대사를 넣어 보자.

⑩ 마지막 퀴즈 앞에 있는 안내판에 오즈의 마법사 등장을 예고하는 문구를 오브젝트
설정－텍스트 팝업으로 작성한다.

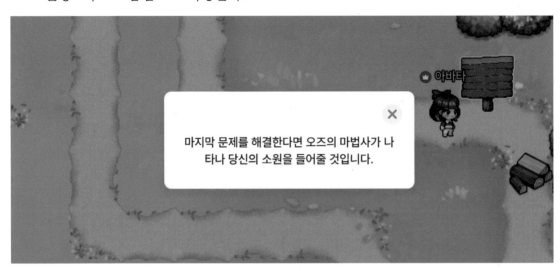

ZEP 이야기 체험하기

입장코드: 13715445

이야기 확장하기

⇨ 나무 오브젝트를 복사해서 오즈의 마법사의 내용
을 담은 퀴즈를 더 많이 만들어도 좋아요!

⇨ 이야기 속 배경에 등장하는 오브젝트를 추가하면
더 몰입감 있는 스페이스를 만들 수 있어요!

⇨ 말풍선 표시 기능을 랜덤 말풍선으로 설정하고, 문
장을 더 많이 입력하면 퀴즈의 흥미도를 더 올릴 수
있어요!

2-2. 유관순 열사와 대한독립 만세

이야기 들어가기

지금은 일제에 나라를 빼앗긴 일제강점기 시대. 1902년 충청남도 공주에서 태어난 유관순은 선교사의 추천으로 이화학당에 입학하게 되었어요. 1910년 나라를 빼앗긴 이후로 일본은 대한의 권리를 본격적으로 수탈하기 시작했고, 유관순은 학당 친구들과 함께 이 사실을 가슴 아파하며 분노했답니다. 그러던 중 1919년 2월, 일본에서 유학생들이 독립 선언을 낭독했다는 소식이 들려와요. 3월 1일 서울에서도 민족 대표 33인이 만세 운동을 펼쳤다고 했어요. 휴교령으로 강제로 고향에 내려오게 된 유관순은 아우내장터에서 만세 운동을 벌이기로 해요. "우리 모두 일어납시다. 나라를 되찾아야 하지 않겠습니까? 대한독립 만세!"

이야기의 등장인물 알아보기

▶ 유관순: 고향인 아우내장터에서 만세 운동을 계획하고 주도한 인물이에요.
▶ 만세 운동에 참가한 군중: 대한의 독립을 위해 한마음으로 '대한독립 만세!'를 목소리 높여 외쳐요.

이야기 속 문제 상황 파헤치기

 문제 ① 아우내장터에서 사람들이 대한독립 만세를 외치고 있어요!
문제 ② 만세 운동에 참가한 군중은 일제강점기의 상황에 대해 서로 대화를 나누고 있어요!

A. 스페이스 템플릿 고르기

① 자연-무궁화 꽃이 피었습니다 템플릿을 선택한다.

② 스페이스 설정에서 스페이스 이름을 입력하고 만들기 버튼을 눌러 스페이스를 생성한다.

B. 아우내장터 꾸미기

① 화면 좌측에서 맵을 원하는 대로 꾸밀 수 있는 '맵 에디터'를 클릭한다.

② 만세 운동이 벌어지는 음력 3월 1일, 아우내장터를 표현할 수 있는 주요 인물 및 사물을 오브젝트로 추가한다. 시대적 배경이 과거인 만큼 옛날의 느낌을 구현하도록 노력해 보자.

③ 에셋 스토어에서 '다양한 군중 NPC 오브젝트', '학생 군중 NPC 오브젝트', '안내판 오브젝트', '울타리 오브젝트'와 같이 필요한 구성 요소를 미리 구매해 놓으면 편리하다.

ZEP OFFICIAL | 2023.10.31
다양한 군중 NPC 오브젝트
FREE

ZEP OFFICIAL | 2023.10.31
학생 군중 NPC 오브젝트
FREE

ZEP OFFICIAL | 2023.04.18
안내판 오브젝트 세트
FREE

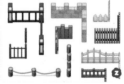
ZEP OFFICIAL | 2023.09.11
울타리 오브젝트 (top view)
FREE

④ 스페이스 하단에는 아우내장터로 들어오는 입구를, 상단에는 유관순 열사가 단상 위에 올라가 만세 운동을 주도하는 모습을 나타내어 보자.

⑤ 아우내장터 내부는 다양한 종류의 인물 & 군중 오브젝트를 추가하여 유관순 열사의 외침에 대답하거나 군중끼리 대화하는 모습을 표현한다. 장터 왼쪽의 빈 곳에는 큰 안내판을 설치해 놓는다.

⑥ 음력 3월 1일은 시기상 봄에 해당하므로 초록색 나무와 같은 오브젝트를 덧씌워 계절의 분위기를 살려보면 어떨까?

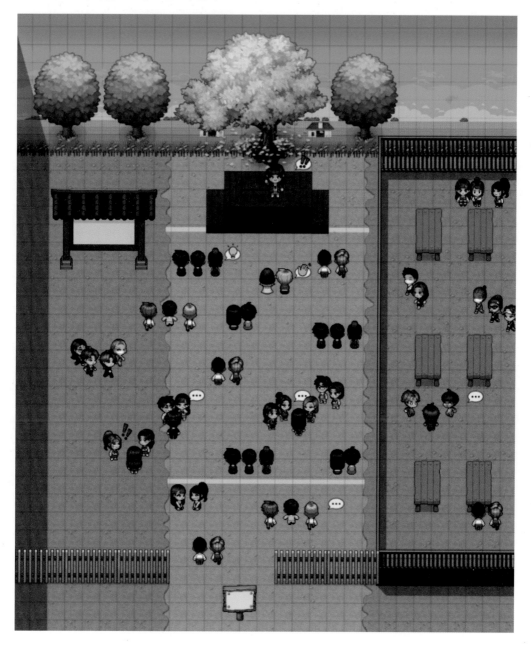

C. 스토리 만들기

① 만세 운동의 현장을 오브젝트 기능과 타일 효과로 생동감 있게 표현해 보자.

② 오브젝트가 있는 곳에 사용자가 지나다니지 못하도록 타일 효과-통과 불가 영역을
   지정한다.

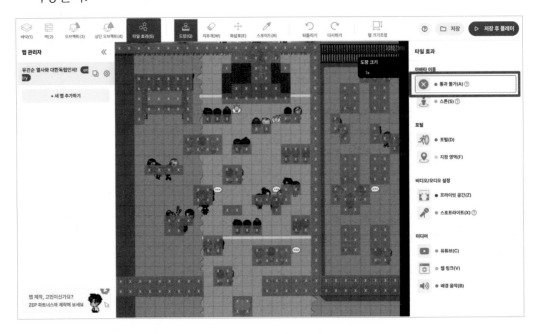

③ 'B. 아우내장터 꾸미기'에서 아우내장터 입구 근처에 설치해 둔 표지판에 타일 효
   과-스폰을 적용한다. 스폰은 사용자가 스페이스에 처음으로 입장하는 장소가 된다.

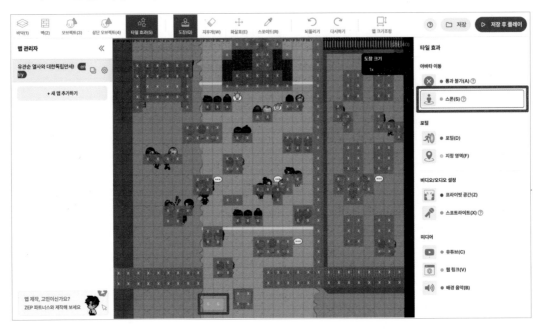

④ 오브젝트 설정-말풍선 표시 기능으로 스폰 영역 우측에 있는 안내판 오브젝트에
  장소 안내 문구를 적어 보자.

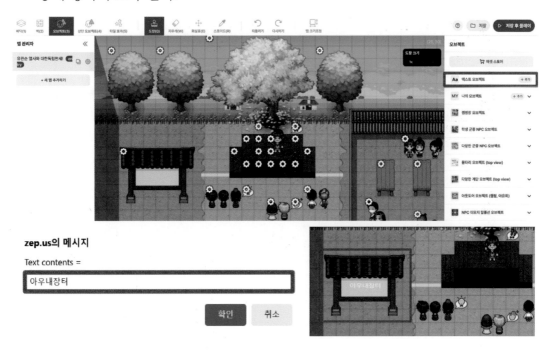

⑤ 화면 우측의 텍스트 오브젝트를 클릭하여 만세 운동의 장소를 입력한 후 안내판 중
  앙에 넣어 주도록 한다.

⑥ 오브젝트 설정-텍스트 팝업 기능을 활용해 독립 만세 운동의 취지와 목표를 알리
  는 안내 문구를 적는다.

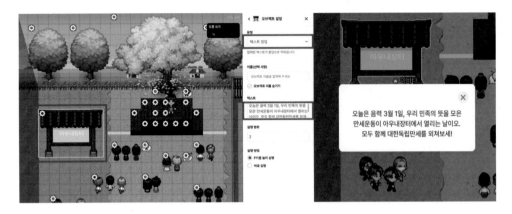

⑦ 오브젝트 설정-말풍선 표시 기능으로 만세 운동을 주도하는 유관순 열사와 함께
  참여한 군중들이 외치는 대사를 적절히 입력한다. 실행 범위와 방법은 스페이스 구
  성에 따라 자유롭게 설정해 보자.

유관순 열사	나라를 되찾는 그날까지 모두 외칩시다. 대한독립 만세!!
군중	옳소, 더 이상 나라를 넘겨주지 맙시다!!! 우리의 모든 염원을 담아 만세를 부르는 거야.

(예)

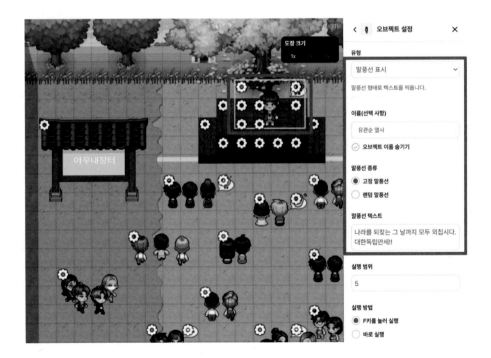

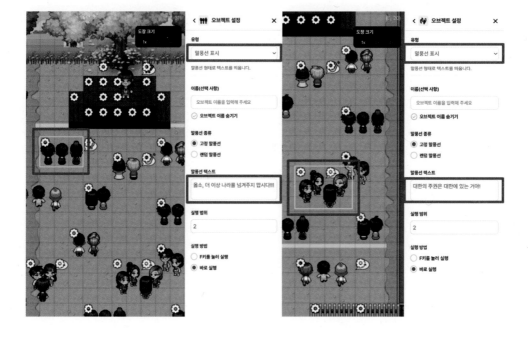

 ZEP 이야기 체험하기

이야기 확장하기

⇨ 말풍선 표시 기능을 랜덤 말풍선으로 설정하고, 많은 양의 문장을 입력하면 스페이스가 더욱 풍부해져요!

⇨ 안내판 오브젝트를 추가해서 독립선언서의 내용을 오브젝트 설정-텍스트 팝업으로 제시해 보면 어떨까요?

⇨ 안중근 의사의 하얼빈 의거, 윤봉길 의사의 홍커우 공원 의거처럼 역사 속 다른 상황으로 바꾸어 이야기를 색다르게 꾸밀 수도 있어요!

입장코드: 13924762

2-3. 선녀와 나무꾼의 만남

 이야기 들어가기

옛날 어느 날, 나무꾼이 길을 가다가 사냥꾼에 쫓기는 사슴을 발견하고 도와주었어요. 사슴은 나무꾼에게 은혜를 갚기 위해 선녀들이 하늘에서 내려와 목욕을 하는 연못으로 데려간 후 한 가지 사실을 알려주었어요. "날개옷을 하나 감추어 두면 선녀와 결혼을 할 수 있답니다. 대신 아이 셋을 낳기 전까지는 절대 날개옷을 돌려주지 마세요!" 사슴의 말대로 나무꾼은 날개옷이 사라진 선녀와 결혼한 후 아이 둘을 낳아 오순도순 행복하게 살고 있었어요. 하지만 하늘나라를 그리워하는 선녀가 신경이 쓰였던 나무꾼은 사슴의 말을 어기고 선녀에게 날개옷을 돌려주었어요. 날개옷을 입은 선녀는 아이들을 모두 데리고 하늘나라로 올라가 버렸답니다. 선녀와 나무꾼은 다시 만날 수 있을까요?

 이야기의 등장인물 알아보기

▶ 나무꾼: 선녀와 함께 행복하게 살고 있다가 날개옷을 꺼내 주는 바람에 혼자가 되었어요.
▶ 선녀: 날개옷이 사라져 나무꾼과 결혼했어요. 날개옷을 돌려받자 하늘나라로 아이들과 함께 올라갔어요.

 이야기 속 문제 상황 파헤치기

 문제 ① 비밀번호를 입력해서 추억의 문을 열어요!
문제 ② 선녀와 나무꾼에게 있었던 일을 추억 여행으로 알아보아요!

A. 스페이스 템플릿 고르기

① 자연-산마루 정자 템플릿을 선택한다.

② 스페이스 설정에서 스페이스 이름을 입력하고 만들기 버튼을 눌러 스페이스를 생성한다.

B. 나무꾼의 추억 이야기 꾸미기

① 화면 좌측에서 맵을 원하는 대로 꾸밀 수 있는 '맵 에디터'를 클릭한다.

② 나무꾼의 추억을 표현할 수 있는 주요 인물 및 사물을 오브젝트로 추가해 보자.

③ 에셋 스토어에서 이야기의 신비로운 분위기를 잘 표현하는 '하늘섬 광장', '초록빛 공원 오브젝트'와 같은 오브젝트 세트를 미리 구매해 놓는 것을 추천한다.

④ 왼쪽 공간에는 선녀와 결혼해서 행복하게 살고 있는 나무꾼의 모습을 표현해 보자.

⑤ 오른쪽 공간에는 날개옷을 입고 선녀가 아이 둘과 함께 하늘나라로 떠나려는 장면을 구현한다.

C. 스토리 만들기

① 나무꾼의 추억 이야기를 오브젝트 기능과 타일 효과로 실감나게 표현해 보자.

② 정자에서 계단으로 내려가면 나무꾼의 추억 장소 2곳으로 이동할 수 있는 문을 상단 오브젝트로 추가한다.

③ 오브젝트 설정-비밀번호 입력 팝업으로 추억의 문을 통과하기 위한 문제를 각각 출제한다. 비밀번호 입력 시 실행할 동작은 '개인에게만 오브젝트 사라지기'를 권장한다.

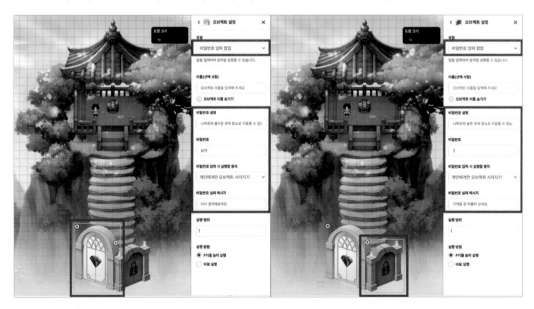

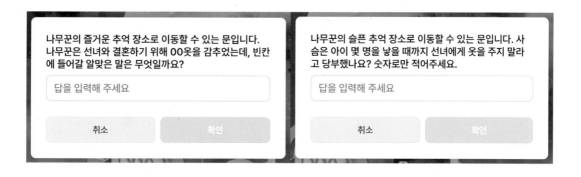

④ 타일 효과-지정 영역에서 즐거운 추억의 장소(A), 슬픈 추억의 장소(B), 정자(C)로 순
   간 이동이 가능한 마크를 설정해 준다.

⑤ ④에서 설정한 지정 영역과 연계될 수 있도록 타일 효과-포털에서 '맵 내 지정 영역
으로 이동'을 클릭하고 순간 이동을 할 수 있는 장소를 알맞게 지정해 보자. 포털이
잘 보일 수 있도록 안내 오브젝트를 설치해 보아도 좋겠다.

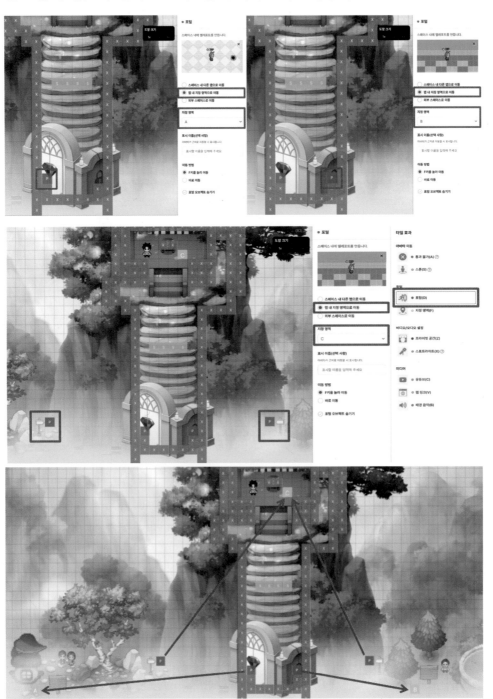

⑥ 오브젝트가 있는 곳에 사용자가 지나다니지 못하도록 타일 효과-통과 불가 영역을 새롭게 지정하거나 적절하게 수정한다.

⑦ 사용자가 스페이스에 입장했을 때 정자에서 이야기가 시작될 수 있도록 타일 효과-스폰을 활용하여 기존 설정 위치에서 정자 쪽으로 구역을 바꾸어 준다.

⑧ 오브젝트 설정–말풍선 표시 기능으로 각 등장인물에 어울리는 대사를 적어 본다. 나무꾼과 선녀가 처한 상황을 떠올려 보도록 하자.

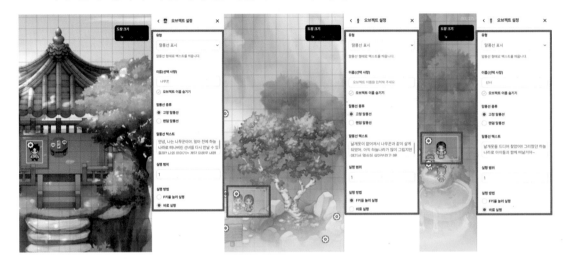

⑨ 오브젝트 설정–텍스트 팝업 기능으로 안내판 오브젝트에 각 추억의 장소를 안내하는 문구를 입력한다.

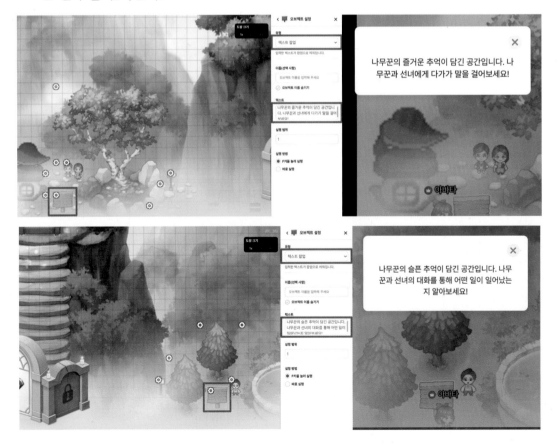

 ZEP 이야기 체험하기

입장코드: 13892216

이야기 확장하기

⇨ 타일 효과에서 지정 영역과 포털을 추가해서 선녀가 하늘나라로 올라간 후의 이야기를 만들어 보아도 좋아요!

⇨ 나무꾼의 추억의 공간에서 사물 오브젝트를 배치한 후 객관식 팝업이나 비밀번호 입력 팝업 기능으로 이야기의 내용을 물어 보는 퀴즈를 입력하면 재미있고 유익한 스페이스를 구성할 수 있어요!

2-4. 로빈슨 크루소의 행복 캠핑

 이야기 들어가기

로빈슨 크루소는 호기심이 많고 용감한 청년이에요. 어느 날, 바다로 나가는 배를 탔다가 폭풍을 만나 한 섬에 표류하게 되었어요. 그곳은 사람이 아무도 살고 있지 않은 무인도였답니다. 로빈슨 크루소는 망가진 배에서 쓸 수 있는 물건은 모두 챙겨와 무인도에서의 홀로서기를 시작하게 되었고, 이 생활을 일기로 기록하기로 했어요. 그러던 중 사람의 흔적을 발견하게 되는데, 바로 식인종 무리였어요. 식인종과의 결투 끝에 인질로 잡혀 있던 친구를 구해 주게 되고, 금요일에 만났기 때문에 '프라이데이'라는 이름을 붙여 주었습니다. 로빈슨 크루소와 프라이데이의 무인도 생활이 궁금하지 않나요? 이들은 무사히 무인도에서 구출될 수 있을까요?

 이야기의 등장인물 알아보기

▶ 로빈슨 크루소: 바다를 항해하다가 폭풍을 만나 무인도에서 오랫동안 생활하게 되는 이야기의 주인공이에요.
▶ 프라이데이: 식인종 무리에 잡혀 있던 인질로, 로빈슨 크루소의 도움을 받아 구조되었어요. 로빈슨 크루소와 함께 무인도에서 생활하며 조력자의 역할을 해요.

 이야기 속 문제 상황 파헤치기

문제 ① 무인도에서 살아남기 위한 방법을 탐구해요!
문제 ② 무인도에서 힌트를 찾으면 행복 캠핑장에 들어갈 수 있어요!

A. 스페이스 템플릿 고르기

① 자연-호숫가 캠핑 템플릿을 선택한다.

② 스페이스 설정에서 스페이스 이름을 입력하고 만들기 버튼을 눌러 스페이스를 생성한다.

B. 로빈슨 크루소의 무인도 꾸미기

① 화면 좌측에서 맵을 원하는 대로 꾸밀 수 있는 '맵 에디터'를 클릭한다.

② 로빈슨 크루소 이야기에 등장하는 주요 인물과 무인도에서 표류하며 개척하게 된 공간을 다양한 종류의 오브젝트로 추가할 것이다.

③ 에셋 스토어에서 스페이스의 분위기와 어울리는 '캠핑장 오브젝트', '아웃도어 오브젝트(캠핑, 야유회)'와 같은 오브젝트 세트를 미리 구매하기를 추천한다.

④ 캠핑장을 기준으로 왼쪽 공간에는 멀리까지 바다를 내다볼 수 있는 전망대와 주변 정찰 및 기록을 할 수 있는 텐트를 배치한다. 텐트 근처에 사용자가 입장할 수 있는 문을 만들어 둔다.

⑤ 오른쪽에는 로빈슨 크루소가 무인도에 표류하며 식량을 얻기 위해 가꾼 텃밭을 조성해 준다.

⑥ 음식이나 책상, 길, 세계 지도와 같은 사물 오브젝트를 곳곳에 추가하여 로빈슨 크루소의 무인도에 나만의 느낌을 더해 보자.

⑦ 연못/공원 오브젝트 세트를 활용하여 호수 위에 구조 요청을 뜻하는 SOS 표시를 해 보아도 재미있겠다.

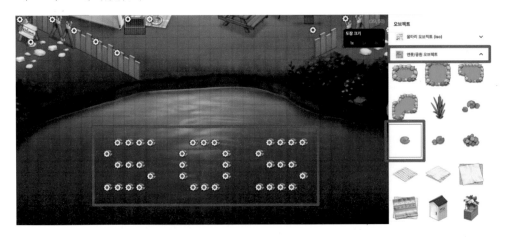

C. 스토리 만들기

① 로빈슨 크루소의 무인도에 생동감을 불어넣기 위해 오브젝트 기능과 타일 효과를 추가할 것이다.

② 기존 템플릿에 적용되어 있는 타일 효과-스폰 영역을 지우고, 캠핑장 왼쪽 공간에 만들어 둔 문 쪽으로 위치를 변경한다.

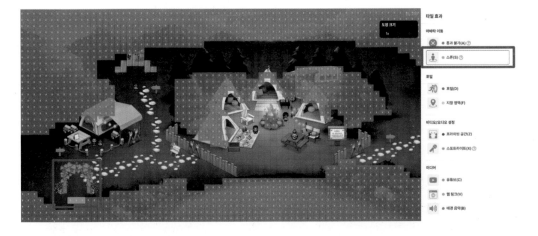

③ 'B. 로빈슨 크루소의 무인도 꾸미기'에서 새롭게 추가 배치한 오브젝트를 고려하여
　알맞게 타일 효과-통과 불가 영역을 수정해 주자.

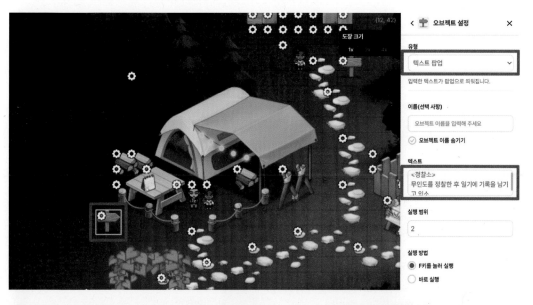

④ 오브젝트 설정-텍스트 팝업으로 캠핑장 곳곳에 설치된 안내판에 정찰소, 전망대,
　행복 캠핑장, 텃밭을 설명하는 문장을 적어 본다.

⑤ 오브젝트 설정–말풍선 표시로 각 장소에 있는 로빈슨 크루소와 프라이데이의 대사
   를 입력한다. 이번에는 랜덤 말풍선 기능을 활용하여 한 명이 여러 대사를 말할 수
   있도록 구성할 것이다.

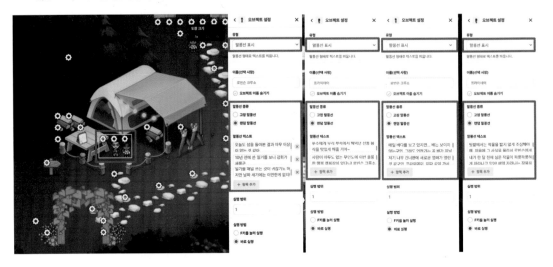

⑥ 오브젝트 설정–텍스트 팝업을 활용하여 정찰소 책상 위에 있는 수첩 오브젝트에 로
   빈슨 크루소의 일기를 적어 보자. 본 장에서는 최근에 작성한 일기를 예시로 들었지만,
   과거부터 지금까지 마음에 드는 시간대를 고르면 된다. 같은 방법으로 행복 캠핑장 내
   부에 있는 큰 안내판에 행복 캠핑장 생활 규칙을 이야기의 내용을 담아 구성한다.

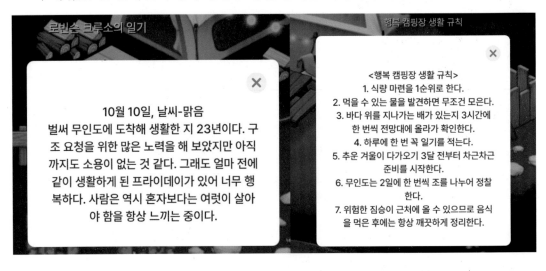

⑦ ⑥에서 작성한 '로빈슨 크루소의 일기'와 '행복 캠핑장 생활 규칙' 내용을 바탕으로 오브젝트 설정−비밀번호 입력 팝업, 객관식 팝업을 출입문에 각각 설치한다. 정답을 맞혔을 때 실행할 동작은 '개인에게만 오브젝트 사라지기'를 권장하며, 실패 메시지 는 ⑥에서 입력한 텍스트를 다시 보고 올 수 있도록 안내하면 된다.

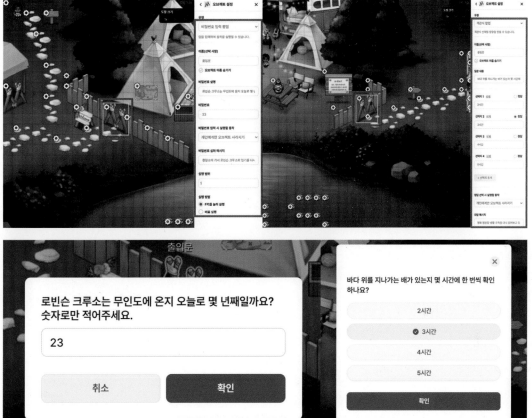

⑧ 행복 캠핑장 내부 텐트에 붙어 있는 세계 지도에 오브젝트 설정−이미지 팝업 기능을 넣어 보자. 해당 기능을 사용하기 위해서는 다운로드된 이미지 파일이 필요하다.

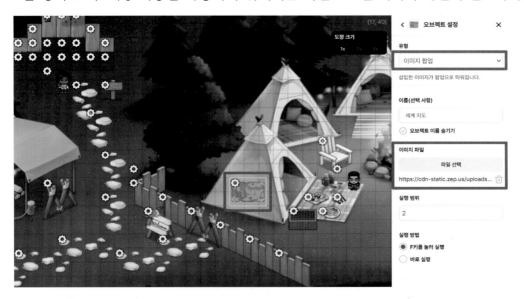

 이미지 다운로드 예시

→ 구글(https://www.google.com/) 이미지에서 도구-사용권-크리에이티브 커먼즈 라이선스로 설정하면 저작권 무료의 이미지를 검색할 수 있다.

→ 무료 저작권 이미지를 제공하는 다음의 웹사이트를 활용해 보아도 좋겠다.
① 픽사베이(https://pixabay.com/ko/)-로열티 없는 이미지 사용
② 아이콘파인더(https://www.iconfinder.com/)-무료-'뒤로 링크가 없습니다' 사용

⑨ 다음은 각 장소에 타일 효과-프라이빗 공간 기능을 추가할 것이다. 프라이빗 공간
에서는 두 명 이상의 사용자가 동시 접속했을 때 같은 번호 영역 안에서만 소통이
가능하다. 따라서 정찰소에서 나누는 대화는 행복 캠핑장, 전망대, 텃밭에서 모두
들을 수 없다. 본 장에서는 정찰소를 1번, 전망대를 2번, 행복 캠핑장을 3번, 텃밭을
4번으로 지정하였다.

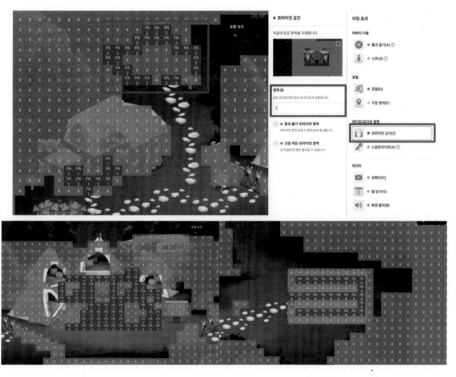

⑩ 마지막으로 스페이스에 입장했을 때 배경 음악이 재생될 수 있도록 해 보자. 바닥-
음향 파일 설정에서 10MB 이하의 음원 파일을 업로드할 수 있다. 로빈슨 크루소의
행복 캠핑장의 분위기에 어울리는 것으로 찾아보기 바란다.

음악 다운로드 예시

→ 유튜브(https://www.youtube.com/)에 접속한 후 로그인한다.

→ 유튜브 스튜디오-오디오 보관함에서 '저작자 표시 필요 없음'으로 설정하면 저작권 걱정 없는 무료 음악을 다운로드할 수 있다.

ZEP 이야기 체험하기

입장코드: 13963079

이야기 확장하기

⇨ 호수에 있는 SOS 오브젝트에 말풍선 표시나 텍스트 팝업 기능을 추가해서 힌트를 숨겨둔 후 이를 모두 모아 출입문의 비밀번호로 활용하는 방법도 재미있어요!

⇨ 수첩 오브젝트를 추가 배치하여 텍스트 팝업 기능으로 로빈슨 크루소의 일기 내용을 시기별로 작성해 두면 더 많은 이야기를 표현하는 것이 가능해요!

2-5. 내 머릿속의 인사이드 아웃

이야기 들어가기

사람들의 머릿속에는 모두 감정 컨트롤 본부가 있어요. 그 안에는 기쁨, 슬픔, 버럭, 까칠, 소심의 다섯 감정들이 밤낮으로 열심히 일하고 있답니다. 라일리는 이사를 가면서 이전과는 너무나도 달라진 주변 환경에 적응하기 힘들어했어요. 이때 감정 컨트롤 본부의 실수로 기쁨이와 슬픔이가 본부 밖으로 날아가 버렸어요. 두 개의 감정이 사라진 감정 컨트롤 본부! 무사히 원래대로 돌아올 수 있을까요?

이야기의 등장인물 알아보기

▶ 라일리: 얼마 전 이사를 가게 된 11세 소녀에요. 새로운 집과 학교, 모든 것이 낯설어서 적응하기 힘들어요.
▶ 기쁨이: 라일리를 행복하게 만들어 주기 위해 노력하는 다섯 감정의 리더 역할을 하고 있어요.
▶ 슬픔이: 기억 구슬을 만지면 바로 파란색으로 변하며 생각을 슬프게 바꿀 수 있어요. 기억이 완전히 슬프게 바뀐다면 다시 되돌아올 수 없어요.
▶ 버럭이: 주변에서 열 오르게 행동하면 머리 위에 불꽃을 뿜으며 분노하는 모습을 보여 줘요.
▶ 까칠이: 라일리가 어떤 것을 싫어하는지 제일 잘 알고 있어요. 두뇌 회전이 빨라서 문제가 생겼을 때 가끔 큰 도움이 되기도 해요.
▶ 소심이: 겁이 아주 많아요. 안전을 최우선으로 생각하는 감정이에요.

이야기 속 문제 상황 파헤치기

문제 ① 방 탈출 미션을 해결하면 감정 컨트롤 본부로 돌아갈 수 있어요!
문제 ② 라일리의 다양한 감정과 관련된 기억을 살펴봐요!

A. 스페이스 템플릿 고르기

① 교육-독서실 템플릿을 선택한다.

② 스페이스 설정에서 스페이스 이름을 입력하고 만들기 버튼을 눌러 스페이스를 생성한다.

B. 감정 컨트롤 본부 꾸미기

① 화면 좌측에서 맵을 원하는 대로 꾸밀 수 있는 '맵 에디터'를 클릭한다.

② 독서실 템플릿은 학습을 위한 시간 측정 기능을 제공하고 있다. 맵 에디터에서도 ZEP 공부방, 열공 모드와 같은 단어의 수정은 불가능하니 참고하자.

③ 인사이드 아웃에 등장하는 다섯 가지의 감정과 그들이 일하는 감정 사무실, 기억 저 장소를 여러 오브젝트를 추가하여 구성해 보자.

④ 에셋 스토어에서 기쁨이(주황 또는 노랑), 슬픔이(파랑), 버럭이(빨강), 까칠이(초록), 소심이(보라 또는 분홍)를 나타낼 수 있는 오브젝트 세트를 미리 구매해 놓는다. 본 장에서는 '숲속 퀴즈 달리기 오브젝트' 세트 속 버섯과 나무 오브젝트를 활용할 것이다.

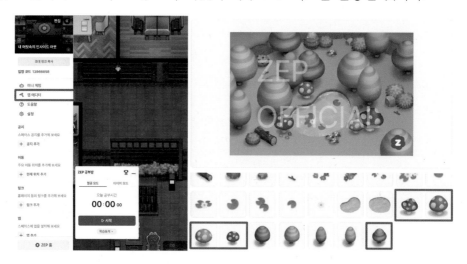

⑤ 스페이스에 기본으로 세팅되어 있는 5개의 방은 기쁨, 슬픔, 버럭, 까칠, 소심의 개인 사무실로, 상단에 위치한 여러 개의 방은 라일리의 다양한 기억 저장소로 꾸며 보자.

⑥ 오브젝트 설정-텍스트 팝업 기능으로 안내판 오브젝트에 공간을 설명하는 글을 적어 본다.

⑦ 오브젝트 설정-말풍선 표시 기능을 활용하여 감정 사무실과 기억 저장소에 배치된 오브젝트에 적절한 대사를 추가해 보자. 인사이드 아웃의 줄거리를 떠올리며 작성한다면 그 내용은 더욱 풍부해질 것이다.

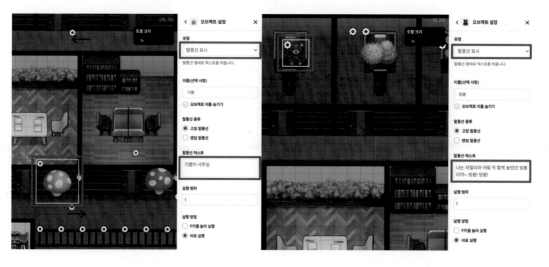

⑧ 감정 사무실에 입장했을 때, 감정의 분위기를 나타낼 수 있는 음악을 감상할 수 있도록 타일 효과-배경 음악을 입힐 것이다. 'NPC 이모지 말풍선 오브젝트' 속 음표 오브젝트를 각 방에 설치한 후 타일 효과에 들어가 이미 지정되어 있는 프라이빗 공간을 지우개로 지워 보자.

⑨ 타일 효과가 지워진 음표 타일에 기쁨/슬픔/버럭/까칠/소심을 표현하는 음악을 각각 업로드한다. 2-4장에서 소개한 유튜브 스튜디오-오디오 보관함에서는 분위기별로 어울리는 음악을 분류해서 보여 주는 기능을 제공하므로 이를 활용해 보기를 바란다.

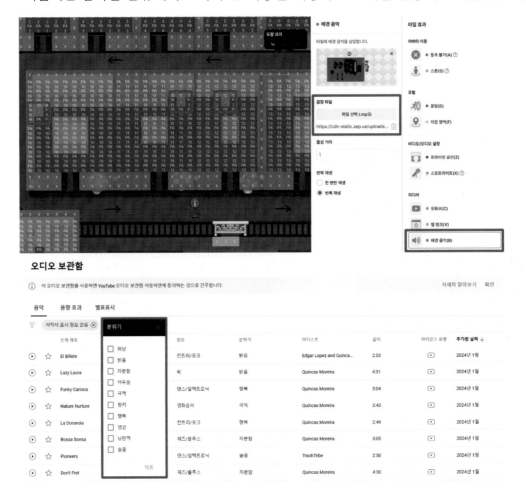

⑩ 기존에 제공된 템플릿에서는 감정 사무실 벽을 넘나들 수 있는 구조로 되어 있으므로 타일 효과-프라이빗 공간 중 벽 오브젝트가 있는 부분을 지운 후에 통과 불가영역을 새롭게 지정한다.

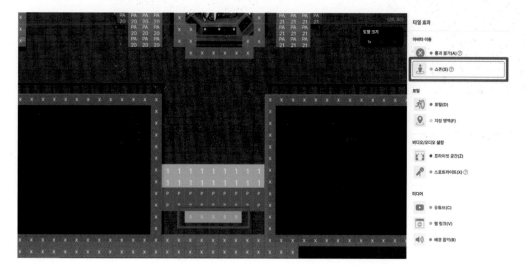

C. 방 탈출 미션 만들기 감정 컨트롤 본부 찾기 대작전

① 기쁨이와 슬픔이가 감정 컨트롤 본부를 무사히 찾아 통과할 수 있도록 방 탈출 미션을 만들어 보자.

② 기존 템플릿에 적용되어 있는 타일 효과-스폰 영역을 지우고, 스페이스 아래쪽으로 위치를 변경한다.

③ ②에서 새롭게 변경한 스폰 위치 근처에 미션 참가를 공지하는 표지판 오브젝트를 추가한 후 오브젝트 설정-텍스트 팝업으로 안내 문구를 작성한다.

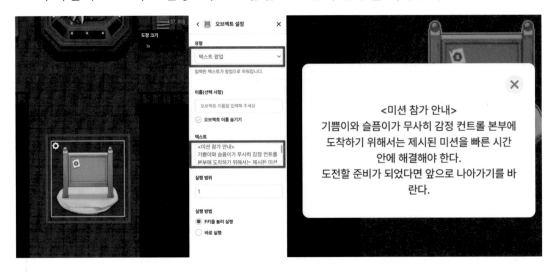

④ 기존 템플릿에 적용되어 있는 포털과 지정 영역을 모두 지우고 새로운 위치에 생성할 것이다. 미션 로비로 순간 이동하기 위해 울타리 오브젝트를 추가하고, 타일 효과-통과 불가 영역도 알맞게 지정해 주자.

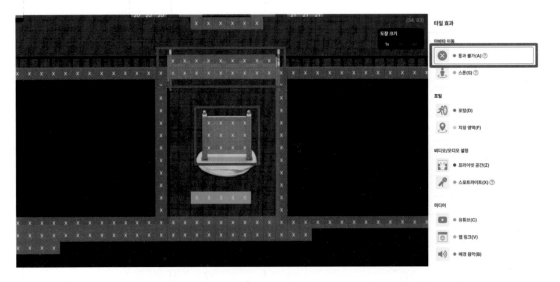

⑤ 타일 효과를 추가하기 위해 미션 로비에 기존 프라이빗 공간은 지우개로 적절히 지운 후 '미션 로비'로 지정 영역을 설정한다.

⑥ 다시 시작 위치로 돌아가 지정 영역으로 이동하기 위한 타일 효과-포털을 만들어 준다. '맵 내 지정 영역으로 이동'을 클릭한 후 지정 영역은 미션 로비로 선택하면 된다.

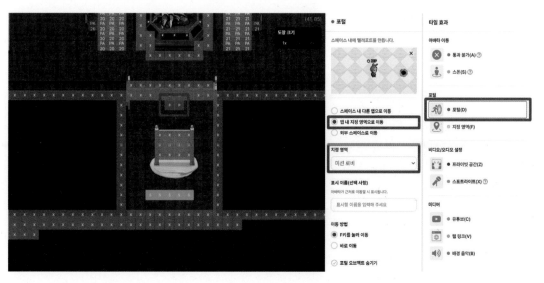

⑦ 미션 로비에 방 탈출 미션 공지를 위한 안내판 오브젝트를 설치한 후 오브젝트 기능-텍스트 팝업으로 다음과 같이 적어 볼 수 있다. 해당 템플릿에는 시간 측정 기능이 있으므로 실제 방 탈출 게임 문제를 푸는 사용자에게 제한 시간에 따른 방 탈출 게임을 제공해 보는 것은 어떨까?

⑧ 다음은 워드아트 오브젝트로 A, B, C, D와 같은 방 번호를 생성할 것이다. 상단 오브젝트로 설정해야 벽 위에 잘 보이도록 배치할 수 있다.

⑨ 이제 2부에서 배운 오브젝트 기능을 적극적으로 활용하여 나만의 방 탈출 문제를 만들어 보자. 방 탈출 문제를 만들기 어렵다면 제시된 예시를 참고하기 바란다.

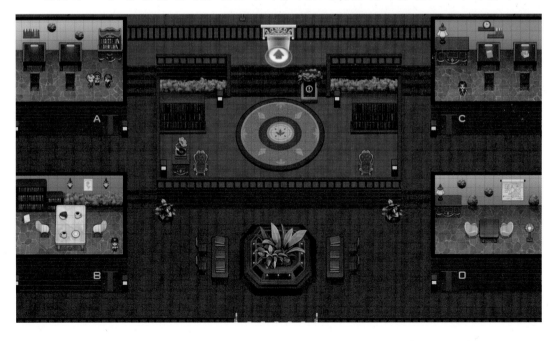

A방	B방	C방	D방
객관식 팝업	텍스트 팝업/이미지 팝업	객관식 팝업	비밀번호 입력 팝업

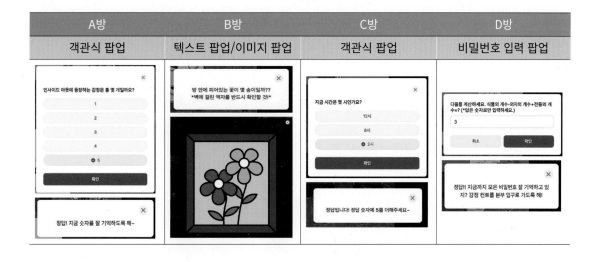

⑩ 방 탈출 문제의 정답을 입력하기 위해 'B. 감정 컨트롤 본부 꾸미기'에서 만들어 두
었던 문 오브젝트에 오브젝트 기능–비밀번호 입력 팝업을 추가한다.

⑪ 마지막으로 감정 컨트롤 본부 울타리와 방 탈출 미션 공지 안내판에 사용자가 지나 다니지 못하도록 타일 효과-통과 불가 영역을 지정한다.

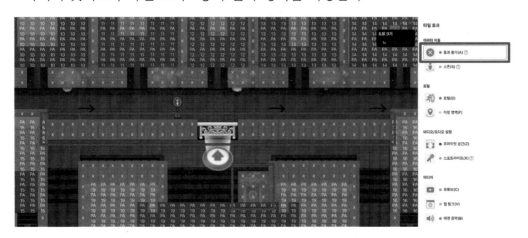

ZEP 이야기 체험하기

입장코드: 13966656

이야기 확장하기

⇨ 방 탈출 문제의 주제를 영화 《인사이드 아웃》 속 내용으로 바꾼다면 더욱 재미있는 게임이 가능해요!

⇨ 감정 컨트롤 본부를 둘러볼 때 배경 음악으로 영화 《인사이드 아웃》의 OST를 들을 수 있도록 오브젝트- 새 탭으로 웹사이트 열기 기능을 활용해 보아도 좋아요!

⇨ 완성된 스페이스를 체험할 때 프라이빗 공간을 활용해 서 사용자들 간의 감정을 공유하는 활동도 추천해요!

3장

맵 추가

ZEP 스토리 스페이스

3-1. 찰리와 초콜릿 공장으로

 이야기 들어가기

전 세계 어린이들에게 사랑받는 윌리 웡카 초콜릿, 엄청난 양의 초콜릿을 만들어 내지만 아무도 들어가 본 적 없는 비밀의 공장. 윌리 웡카 공장장은 '행운의 황금 티켓'을 찾은 5명의 어린이에게 공장을 보여 주겠다고 선언하는데…! 전 세계 어린이들은 황금 티켓을 구하기 위한 대작전을 펼치게 되었어요. 주인공 찰리도 황금 티켓을 찾아 윌리 웡카 초콜릿 공장으로 가보고 싶어요!

 이야기의 등장인물 알아보기

▶ 윌리 웡카: 신비로운 초콜릿 공장의 공장장, 몇 년 동안 공장 밖으로는 나가본 적 없다는 소문이 돌아요.
▶ 찰리: 초콜릿 공장 바로 옆 쓰러지기 일보 직전의 오두막에 살고 있는 어린이. 가난한 찰리는 1년에 한 번만 윌리 웡카 초콜릿을 사 먹을 수 있어서 황금 티켓을 구할 확률이 낮아요.
▶ 아우구스투스: 첫 번째 황금 티켓의 주인공, 독일의 먹보 소년으로 늘 초콜릿을 입에 달고 산답니다.
▶ 버루카: 두 번째 황금 티켓의 주인공, 부잣집 딸이에요.
▶ 바이올렛: 세 번째 황금 티켓의 주인공, 껌 씹기 대회 세계 챔피언이에요.
▶ 마이크: 네 번째 황금 티켓의 주인공, 스스로를 매우 똑똑하다고 생각하고 있어요.

 이야기 속 문제 상황 파헤치기

 찰리는 황금 티켓을 찾아야 해요!
윌리 웡카와 함께 초콜릿 공장으로 이동해요!

A. 스페이스 템플릿 고르기

① 퀴즈-도로 미로 퀴즈 템플릿을 선택한다. 황금 티켓을 찾기 위한 미로 형태의 템플 릿을 추천한다.

② 이번 장에서부터는 여러 개의 맵을 연결하여 이동해 볼 것이다. 좌측 맵 에디터에서 맵을 추가해 보자.

③ 윌리 웡카와 초콜릿 공장으로 갈 수 있도록 신비한 느낌이 나는 맵을 추가하자.

④ 최종적으로는 2개의 맵으로 구성되고, entry 표시가 있는 맵이 첫 접속이 이루어지는 곳이다.

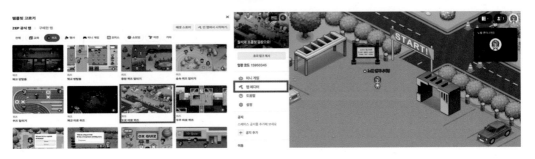

B. 황금 티켓 미로 오브젝트 배치하기

① 기본적으로 배치되어 있는 오브젝트를 살펴보자. FINISH 라인에 비밀번호 입력 팝업 오브젝트가 설정되어 있다. 퀴즈 답은 깃발에 적힌 숫자의 합을 물어보고 있다.

② 비밀번호 실패 메시지에는 깃발이 총 3개라고 힌트를 주고 있다.

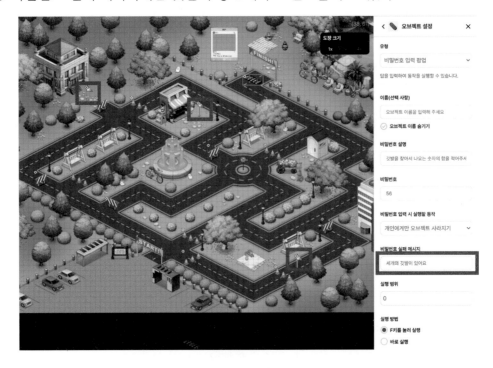

③ 지우개-깃발 오브젝트의 톱니바퀴를 클릭하여 깃발 오브젝트를 모두 지운다.

④ 황금 티켓을 의미하는 노란 쪽지 오브젝트를 대신 배치할 것이다. 참고로 크기를 두 배로 확대하고 스토리텔링에 녹여 5개의 쪽지를 삽입하였다. 본 장에서는 에셋 스토어의 '학교 학용품 오브젝트' 세트를 사용했다.

⑤ 이번에는 캐릭터 오브젝트를 배치하자. 퀴즈의 힌트를 말해 줄 것이고, 스토리텔링 속에서는 황금 티켓을 찾고 싶은 어린이의 역할이다. 본 장에서는 미리 에셋 스토어에서 '다양한 시민 캐릭터' 오브젝트를 다운로드하였다.

⑥ 혹시 새로 배치한 오브젝트가 배치된 영역에 기본적으로 통과 불가 타일 영역 지정
이 되어 있지 않은지 확인해 보자. 본 장에서는 쪽지 오브젝트, 캐릭터 오브젝트와
통과 불가 타일이 겹치는 곳은 지우개로 지워 주었다.

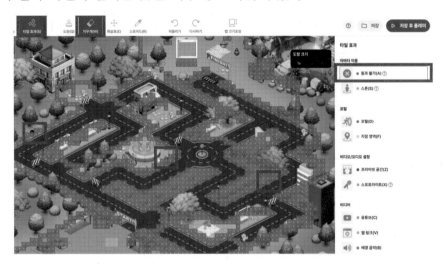

C. 스토리 퀴즈 만들기

① 기본적으로 가림막 오브젝트마다 퀴즈가 설정이 되어 있다. 우리는 퀴즈 내용만 바
꾸어 보자. 초콜릿 공장 스토리텔링에 맞도록 초콜릿에 대한 퀴즈를 내보면 좋겠다.
오답 메시지도 스토리텔링에 맞게 변경해야 한다.

퀴즈 예시

→ 초콜릿은 사랑의 징표로 여겨지며, 밸런타인데이에 서로 주고받는다. (O)
→ 반려동물도 초콜릿을 함께 먹을 수 있다. (X)
→ 초콜릿을 유럽에 전한 것은 콜롬버스이다. (O)
→ 대한민국의 첫 초콜릿은 조선 시대 때 전해졌다. (X)
→ 100년이 넘은 초콜릿이 발견된 적이 있다. (O)

② 쪽지 오브젝트마다 숫자를 말풍선으로 표시해 보자. 고정 말풍선으로 만들면 된다.

③ 최종 FINISH 라인의 퀴즈를 설정해 보자. 기본 템플릿에서는 숫자의 합을 물어보지만, 제일 큰 숫자를 찾는 퀴즈로 변경해 볼 것이다.

④ 캐릭터 오브젝트에 힌트를 삽입해 보자. 초콜릿 퀴즈와 관련된 힌트를 팝업으로 보여 줄 것이다. 예를 들어, 호주에서 120년이 된 초콜릿이 발견되었다는 내용의 기사를 링크로 삽입하였다.

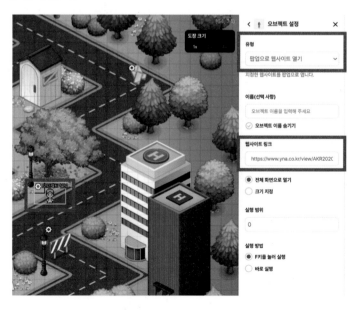

⑤ 캐릭터 오브젝트에 텍스트 팝업으로 힌트를 입력해도 좋다.

D. 포털로 맵 이동하기

① 이제 FINISH 라인에 포털을 만들어 줄 것이다.

② 포털 기능은 총 3개이다. 이번 장에서는 스페이스 내 다른 맵으로 연결해 보자. 이동할 맵은 초콜릿 공장으로 지정해 주면 된다.

③ 사용자가 포털을 볼 수 있도록 숨기기 기능은 비활성화해 주자.

E. 초콜릿 공장 맵 꾸미기

① 황금 티켓을 찾은 찰리는 윌리 웡카의 초콜릿 공장에 들어갈 수 있게 되었다. 신비로운 분위기의 초콜릿 공장을 꾸며 보자. 에셋 스토어에서 '네온 뮤직비디오 오브젝트'와 '파티룸 그린 오브젝트' 등 초콜릿 공장과 어울리는 오브젝트를 미리 다운로드할 수 있다.

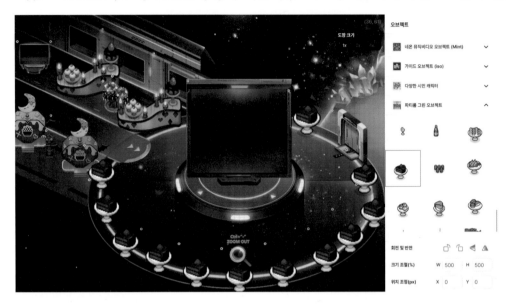

② 기본 설정된 통과 불가 영역을 확인하고 새로 배치한 오브젝트와 영역이 겹칠 경우 지우개로 지우면 된다.

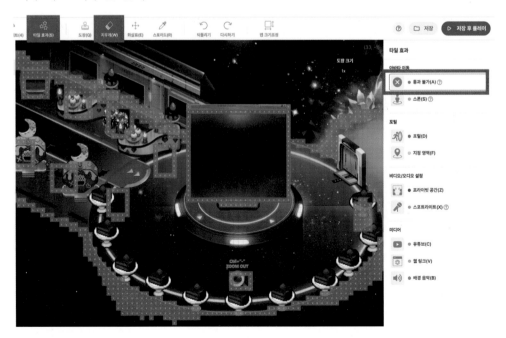

③ 맵을 이동하면 아바타가 생성될 포인트를 스폰 영역으로 지정해 준다.

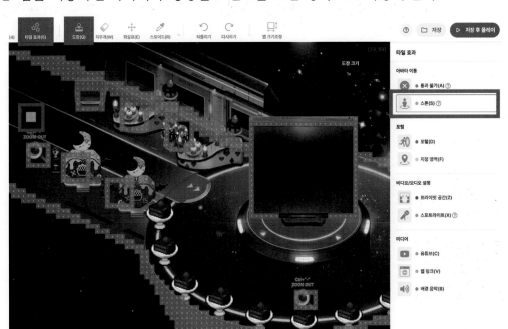

④ 큰 모니터 오브젝트에 유튜브 미디어를 삽입해 보자. 본 장에서는 찰리와 초콜릿 공장 영화 OST를 삽입하여 실감나게 꾸며 볼 것이다. 너비 20, 높이 17로 수정하여 모니터 오브젝트에 유튜브 미디어가 띄워진 것처럼 표현하였다.

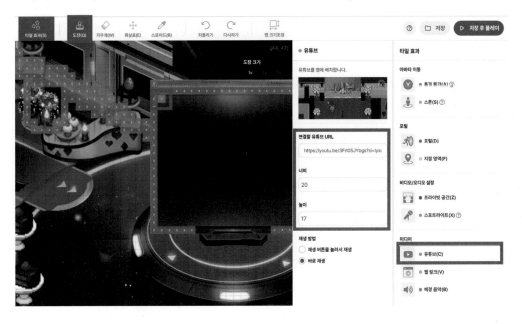

 ZEP 이야기 체험하기

입장코드: 13950345

 이야기 확장하기

⇨ 황금 티켓을 찾기 위한 퀴즈를 더 추가해도 재미있어요!

⇨ 초콜릿 공장의 오브젝트들이 말을 해도 재미있어요!

3-2. 헨젤과 그레텔의 마녀 탈출

이야기 들어가기

헨젤과 그레텔의 계모는 헨젤과 그레텔을 숲속에 버리려고 했어요. 이 이야기를 들은 헨젤과 그레텔은 반짝이는 조약돌을 미리 주워, 숲길에 떨어트리고 그 조약돌을 따라 다시 집으로 되돌아왔어요. 이것을 눈치 챈 계모가 조약돌을 주우러 가지 못하게 하자, 빵가루를 떨어트려 길을 표시했지요. 하지만 새들이 빵가루를 먹어 버렸고 길을 잃은 헨젤과 그레텔은 과자 집을 발견했어요. 너무 배가 고픈 나머지 과자 집을 뜯어먹다가 마녀에게 들키고 말았어요!

이야기의 등장인물 알아보기

▶ 헨젤과 그레텔: 헨젤이 오빠, 그레텔이 여동생으로 남매예요. 가난한 나무꾼 부모님과 함께 살아요.
▶ 마녀: 숲속 과자 집을 지어 놓고, 길 잃은 사람들이 찾아오면 살을 찌워 잡아먹으려고 해요. 시력이 상당히 좋지 않아요.

이야기 속 문제 상황 파헤치기

 문제 ① 마녀를 피해 과자 집을 벗어나야 해요!
문제 ② 빵가루를 찾아 집으로 되돌아가고 싶어요!

A. 스페이스 템플릿 고르기

① 자연-숲속 비밀의 집 템플릿을 선택한다. 마녀의 집 느낌이 나는 것으로 고른다.

② 스페이스가 만들어지면 좌측 맵 에디터에서 맵을 추가할 것이다.

③ 빵가루를 주워 집으로 돌아갈 수 있도록 총 2개의 맵을 더 고른다. 본 장에서는 '숲속 공터'와 '내추럴 하우스' 맵을 선택했으나 자유롭게 구성해도 무방하다.

④ 최종적으로는 3개의 맵으로 구성되고, entry 표시가 있는 맵이 첫 접속이 이루어지는 곳이다.

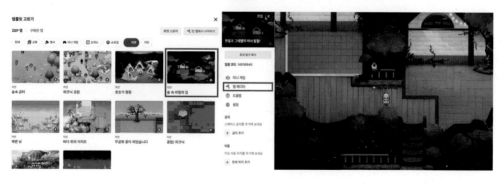

B. 마녀의 집 꾸미기

① 마녀의 집에 어울리도록 오브젝트를 배치한다.

② 미리 에셋 스토어에서 '다양한 시민 캐릭터'와 '마법 연구실 세트', '숲속 비밀의 집'
처럼 어울리는 오브젝트들을 추가해 놓자.

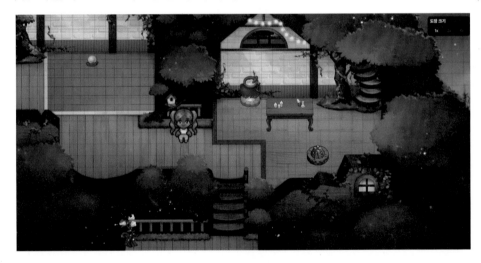

C. 포털 만들기

① 먼저 첫 접속 시 위치하는 스폰 영역을 만든다.

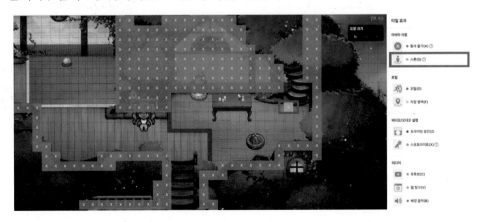

② 마녀 오브젝트와 만나면 바로 다시 첫 스폰 영역으로 돌아가도록 포털을 지정해 준다. 포털-맵 내 지정 영역으로 이동-맵 스폰 영역 설정을 해 준다. 사용자들이 미리 알지 못하도록 바로 이동 및 포털 오브젝트 숨기기 설정도 해 준다.

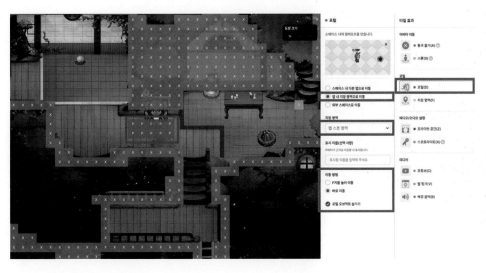

③ 마찬가지로 마녀를 도와 그레텔의 탈출을 방해하는 오브젝트를 추가하고, 맵 스폰 영역으로 포털을 설정해 주자.

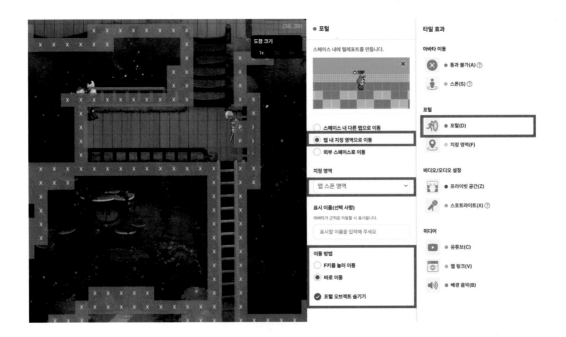

④ 이번에는 마녀의 집을 탈출할 포털을 만든다. 포털-스페이스 내 다른 맵으로 이
동-빵가루 찾기 이동 설정을 해 준다. 사용자들이 탈출구를 알 수 있도록 포털 오
브젝트를 눈에 띄게 할 것이다.

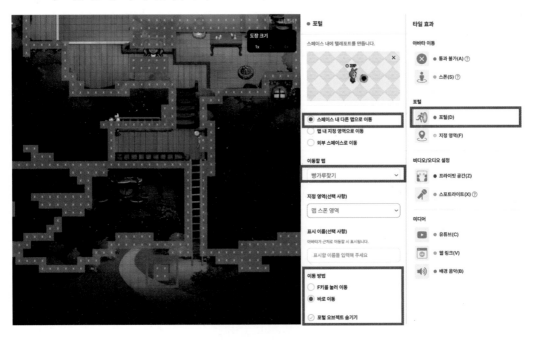

D. 스토리 만들기

① 이제 마녀의 집에 어울리는 스토리를 만든다.

② 오브젝트 설정–말풍선 표시–고정 말풍선 기능을 이용하여 상황에 어울리게 대사를 써 보자.

E. 빵가루 찾기 맵 꾸미기

① 마녀의 집에서 탈출했다면 빵가루를 주워 집으로 돌아가야 한다. 숲속 공터 맵에 어울리는 오브젝트들을 배치해 보자. 미리 에셋 스토어에서 '다가올 간식들'과 '숲속 퀴즈 달리기 오브젝트'처럼 어울리는 오브젝트들을 추가해 놓자.

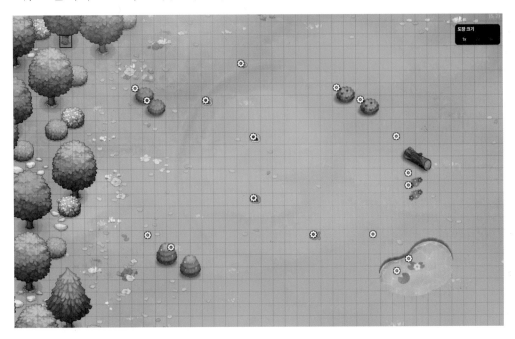

② 사용자가 빵가루를 찾아갈 수 있도록 첫 위치 스폰을 정해 주고, 통과 불가 영역도 지정해 준다.

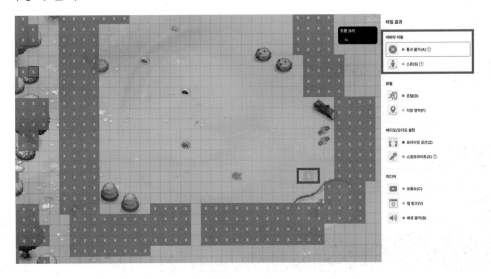

③ 시작하자마자 가장 가까운 오브젝트가 상황을 설명해 주도록 말풍선 표시 기능을 지정해 준다.

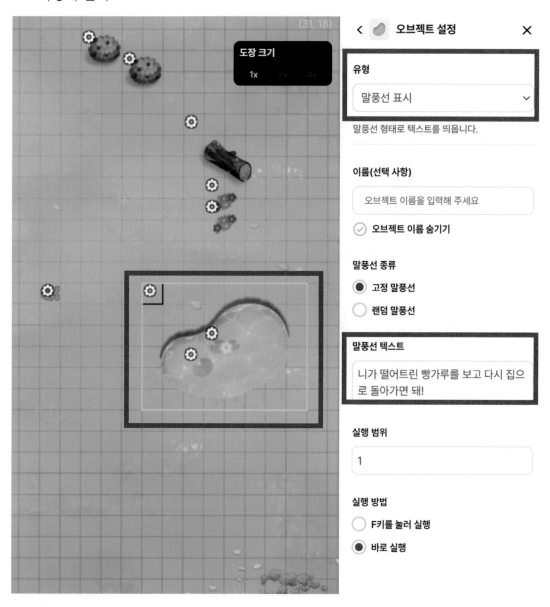

F. 빵가루 찾기

① 이제 빵가루를 주워서 집으로 돌아가 보자. 빵가루의 역할을 하는 간식 오브젝트에 팝업 기능을 지정해 준다. 먼저 비밀번호 입력 팝업이다. 간단한 퀴즈를 내고 비밀번호를 설정할 수 있다. 빵가루를 주운 느낌이 나도록 비밀번호 입력 시 실행할 동작은 개인에게만 오브젝트 사라지기로 설정한다.

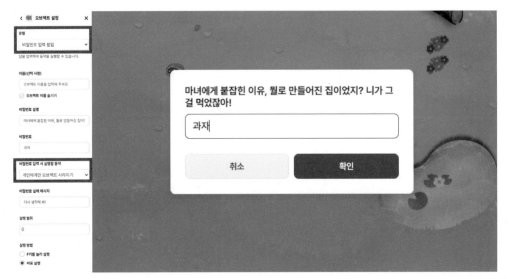

② 이번에는 객관식 팝업이다. 객관식 문제를 내고 정답을 설정할 수 있다. 마찬가지로 빵가루를 주운 느낌이 나도록 정답 선택 시 실행할 동작은 개인에게만 오브젝트 사라지기로 설정한다.

③ 마지막 빵가루는 텍스트 팝업을 설정해 보자. 퀴즈가 아니라 집으로 돌아갈 수 있는
포털의 위치를 알려줄 것이다.

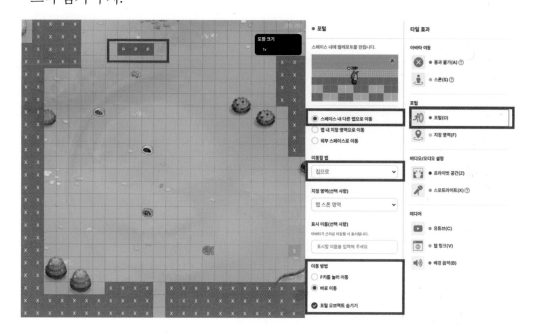

④ 집으로 돌아갈 수 있도록 포털을 설정한다. 스페이스 내 다른 맵으로 이동–집으로
맵을 선택해 주면 된다. 포털 오브젝트가 보이면 사용자가 빵가루를 줍지 않을 수 있
으니 숨겨 주자.

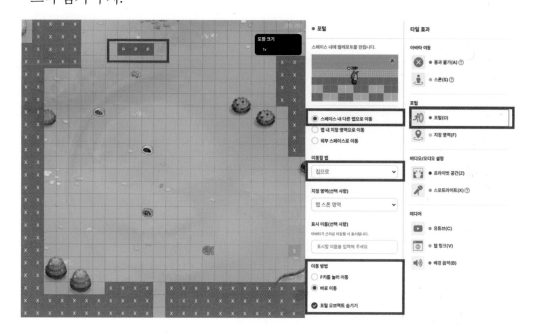

G. 집으로 돌아온 헨젤과 그레텔

① 집과 어울리는 맵, 오브젝트를 배치한다.

② 참고로 LINK 표지판 오브젝트는 기본적으로 에셋 스토어로 연결되도록 설정되어 있는데, 스토리텔링과 맞지 않으므로 오브젝트를 삭제해도 좋다.

③ 본 장에서는 집으로 돌아온 그레텔을 아빠가 환영해 주는 스토리로 꾸며 보았다. 더 많은 오브젝트를 배치하여 스토리텔링을 구현해도 재미있다.

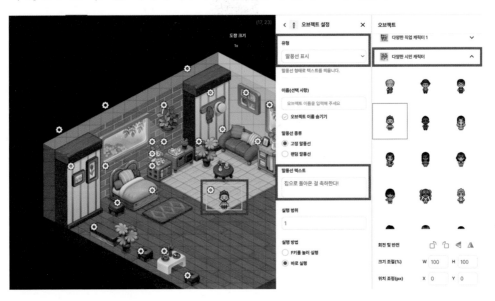

ZEP 이야기 체험하기

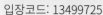

입장코드: 13499725

이야기 확장하기

⇨ 헨젤과 그레텔의 모험을 위해 퀴즈를 더 늘려도 재미있어요!

⇨ 함정 포털을 만들어 다시 마녀의 집으로 돌아가게 해도 실감나요!

⇨ 웹사이트 기능 활용-헨젤과 그레텔 이야기를 들려주는 유튜브를 연결해도 좋아요!

3-3. 신데렐라와 무도회

이야기 들어가기

어려서 친어머니를 잃은 신데렐라는 새어머니와 두 명의 언니를 만나게 되었어요. 아버지가 외국으로 멀리 떠나 계신 동안 새어머니와 두 언니는 신데렐라를 구박하고 온갖 궂은 일을 시켰죠. 어느 날, 왕자의 신붓감을 구하기 위한 무도회가 열린다는 초대장이 날아옵니다. 하지만 계모와 새언니들은 온갖 집안일을 다 하고 무도회에 오라고 해요. 혼자서 이 많은 집안일을 다 하고 무도회를 가는 게 가능할까요? 드레스와 구두도 없는데 이를 어쩌면 좋을까요?

이야기의 등장인물 알아보기

▶ 신데렐라: 새어머니와 두 언니의 구박에도 굴하지 않고 꿋꿋하고 밝은 모습을 보여요! 집의 쥐들, 날아오는 새들, 마당의 동물에게도 친절하게 대한답니다.
▶ 새어머니: 두 딸 중 한 명이라도 왕자의 눈에 들어서 왕자비를 삼고 싶어해요. 아름다운 신데렐라의 외모를 시기해서 무도회에 데려가지 않으려고 합니다.
▶ 아나스타샤, 드리젤라: 신데렐라의 새언니들이에요. 어머니와 마찬가지로 신데렐라를 구박합니다.

이야기 속 문제 상황 파헤치기

 문제 ① 신데렐라는 집안일을 모두 해야 해요!
문제 ② 새어머니와 새언니를 피해서 무도회로 가야 해요!

A. 스페이스 템플릿 고르기

① 소모임-내추럴 하우스 템플릿을 선택한다. 신데렐라의 집에서 무도회를 가는 길 느낌이 나도록 스토리텔링에 맞게 맵을 구성할 것이다. '집' 느낌이 나는 템플릿이면 무엇이든 상관없다.

② 좌측 맵 에디터에서 맵을 추가할 것이다. 이번에는 총 2개의 맵을 추가하여 3개의 맵으로 만들어 보자.

③ 새어머니와 새언니를 피할 수 있는 자연-공원/피크닉 맵과 무도회 느낌이 나는 기타-백화점 로비 맵을 추가하였다. 원하는 맵으로 변경하여 선택해도 무방하다.

④ 최종적으로는 3개의 맵으로 구성되고, entry 표시가 있는 맵이 첫 접속이 이루어
지는 곳이다.

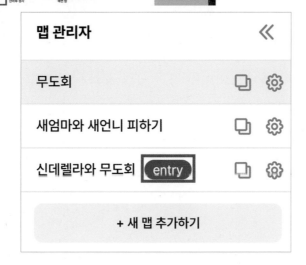

B. 집안일 미션 만들기

① 기본적으로 집과 어울리는 오브젝트들이 배치되어 있다. 우리는 문 근처에 포털을 숨길 것이다.

② 기본적으로 템플릿 내에 프라이빗 공간 타일 효과가 지정되어 있다. 지우개로 집 내부의 타일 효과를 모두 지워 주자. 드래그하면 쉽게 지워진다.

③ 문 근처 발매트 아래에 '새엄마와 새언니 피하기' 맵으로 이동할 수 있도록 포털 타일을 지정해 줄 것이다.

④ 포털 오브젝트를 보이게 하더라도 발매트 오브젝트에 가려져 있으니 사용자가 바로 볼 수 없다.

⑤ 이제 발매트 오브젝트에 비밀번호 입력 팝업 설정을 할 것이다. 비밀번호를 맞추면 오브젝트가 사라지고, 그러면 앞서 설정한 포털이 보일 것이다.

⑥ 이제 본격적으로 오브젝트에 미션을 부여할 것이다. 먼저 화면의 LINK 표지판 오
브젝트는 기본적으로 에셋 스토어로 연결되도록 설정되어 있는데, 본 장의 스토리
와는 관련이 없으므로 지워 주는 것을 추천한다.

⑦ '신데렐라'라는 비밀번호를 찾기 위해 먼저 '신'을 떠올릴 수 있는 힌트를 삽입하였다.
의자 오브젝트에는 말풍선 표시 설정을 통해 힌트를 줄 수 있다.

⑧ 침대 오브젝트에 가까이 다가가면 오브젝트 모양을 바꾸어 볼 것이다. 침대 오브젝트에 오브젝트 변경 설정을 하자. 저작권이 없는 '신발' 이미지로 바꾸어서, '신'이라는 글자를 연상하도록 하였다.

⑨ 이번에는 그릇 오브젝트에 텍스트 팝업으로 '데'라는 글자를 연상할 수 있는 힌트를 주었다.

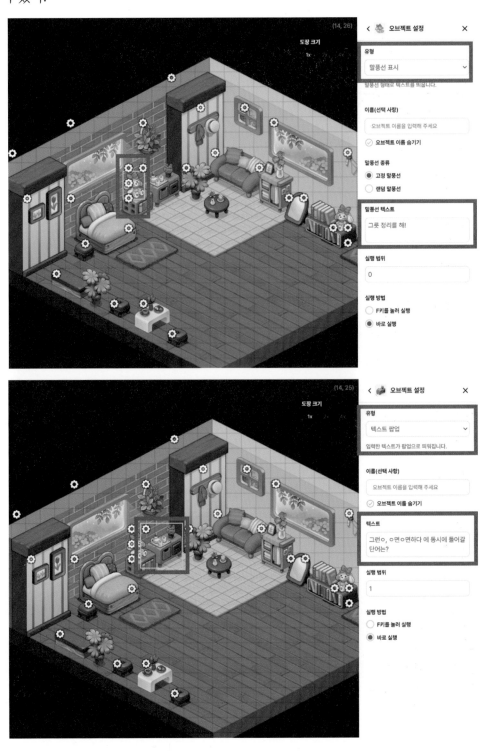

⑩ 이번에는 '렐라'를 연상시킬 수 있도록 화분 오브젝트에 힌트를 삽입하고, 소파 오브 젝트에 이미지 팝업 설정을 할 것이다. 저작권이 없는 '모짜렐라' 치즈 사진을 팝업 으로 뜨게 한다.

 사진 다운로드 예시

→ iconfinder.com에서는 free와 No link back 설정을 한 이모티콘을 사용해야 한다.

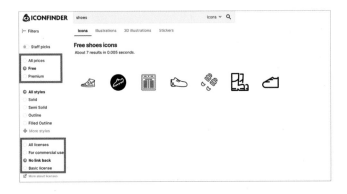

→ pixabay에서는 로열티 없는 이미지로 활용한다.

C. 새어머니와 새언니 피하기

① 이제 두 번째 맵을 꾸며 보자. 새어머니와 새언니를 피해 무도회를 가야 한다. 먼저 새어머니와 새언니를 뜻하는 캐릭터 오브젝트를 배치하자. 에셋 스토어에서 '다양한 시민 캐릭터'를 미리 다운로드해 두면 좋다.

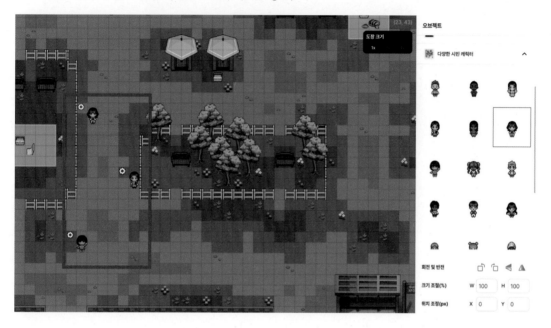

② 새어머니와 새언니 오브젝트에 스토리텔링에 맞는 말풍선 내용을 삽입해 보자.

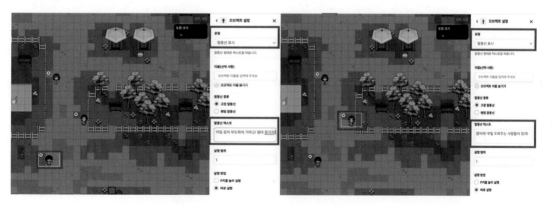

③ 이제 새어머니와 새언니를 도와 신데렐라의 무도회행을 방해할 사람들 오브젝트를 배치
해 보자. 미리 에셋 스토어에서 '다양한 군중 NPC 오브젝트'를 다운로드해 두면 좋다.

④ 이제 타일 효과를 확인해 보자. 미리 템플릿에 적용된 타일 효과 중 스폰은 지우개
로 초기화해 준다. 새어머니 오브젝트와 가까운 곳으로 스폰 설정을 해 줄 것이다.

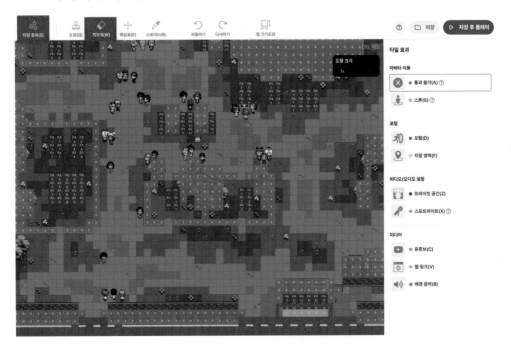

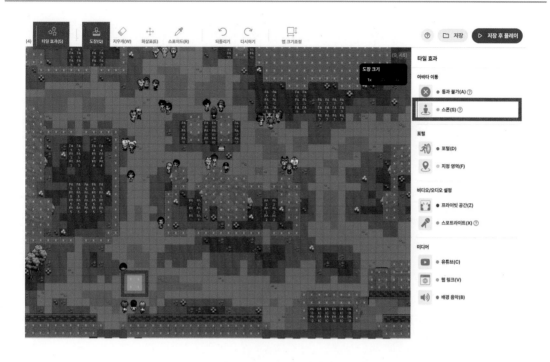

⑤ 군중 캐릭터 오브젝트 주변으로 포털 타일 효과를 설정한다. 이번에는 맵 내 지정 영역으로 이동–맵 스폰 영역으로 보내 줄 것이다. 그리고 포털 효과를 숨겨서 사용자에게 보이지 않도록 하자.

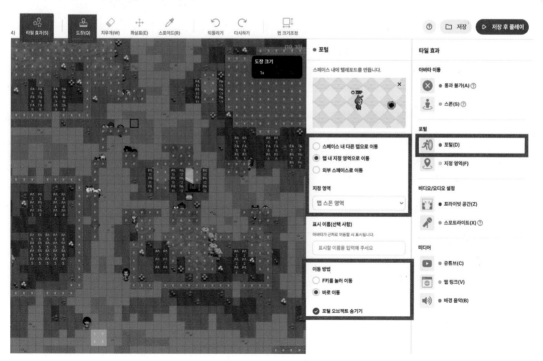

⑥ 군중 캐릭터 오브젝트를 피해 무도회로 갈 수 있는 포털을 설정해 주자. 이번에는 스페이스 내 다른 맵으로 이동 설정과 함께 포털을 보이도록 한다.

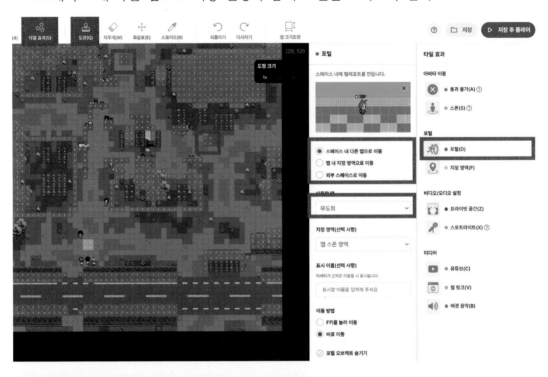

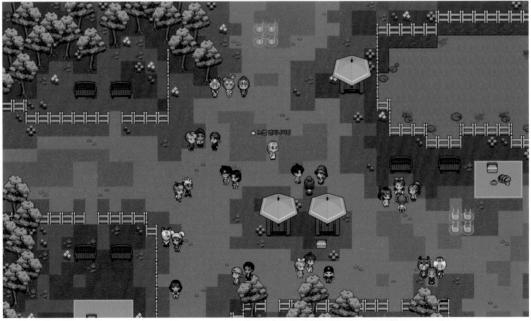

D. 무도회장에서 왕자 만나기

① 왕자 오브젝트를 삽입하고 말풍선 표시 설정으로 스토리에 맞는 대사를 설정한다.

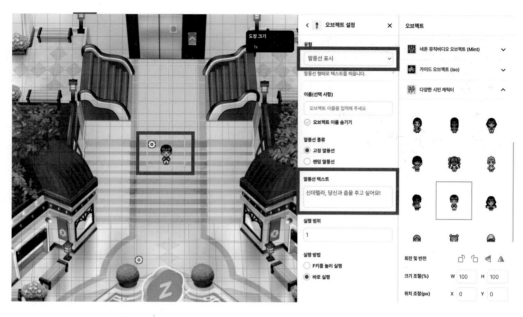

② 신데렐라에게 반한 왕자와 신데렐라가 춤을 출 수 있도록 해 줄 것이다. 배경 음악 타일 효과를 설정한다. 왕자에게 다가가면 음악이 흘러나오도록 하는 것이다.

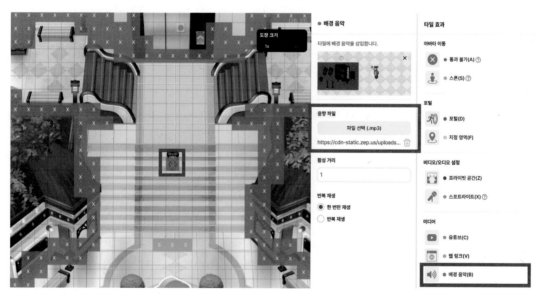

음악 다운로드 예시

→ www.bensound.com에서 저작권 무료 음악을 분위기별로 다운로드할 수 있다.

ZEP 이야기 체험하기

입장코드: 13963822

이야기 확장하기

⇨ 신데렐라를 도와주는 요정을 등장시켜서 맵 체험을 업그레이드해 봐요!

⇨ 무도회장에 신데렐라를 환영해 주는 오브젝트를 추가해도 좋아요!

3-4. 셜록 홈즈의 사건 해결 노트

 이야기 들어가기

셜록 홈즈는 런던의 탐정이에요. 꼼꼼한 관찰력을 가지고 있어 짧은 시간에 사람에 대한 추리를 멋지게 해내죠. 셜록 홈즈가 주인공인 추리 소설은 매우 많아요. 셜록 홈즈는 다양한 사건을 해결했어요. 오늘 셜록 홈즈가 해결할 사건은 학교에서 사라진 선생님을 찾는 것이에요! 하나씩 단서를 찾아 사라진 선생님을 얼른 구하러 가볼까요?

 이야기의 등장인물 알아보기

▶ 셜록 홈즈: 사건 해결을 위한 강한 집념과 냉철한 추리력을 지닌 탐정이에요. 가끔 너무 추리에 집중한 나머지 주변에 신경 쓰지 못하는 경우도 생기지만, 친구인 왓슨이 잘 챙겨준답니다.
▶ 존 왓슨: 셜록 홈즈의 오랜 친구이자 의사였던 사람이에요. 셜록 홈즈를 도와 사건을 해결하곤 해요.

 이야기 속 문제 상황 파헤치기

☞ 문제 ① 사라진 선생님에 대한 단서를 찾아요!
☞ 문제 ② 비밀번호를 입력해서 사라진 선생님을 구해요!

A. 스페이스 템플릿 고르기

① 교육-학교 내부 템플릿을 선택한다. 본 장에서는 학교를 배경으로 사건을 해결해 볼 것이다. 만약 다른 분위기를 원한다면 자유롭게 선택해도 무방하다.

② 스페이스가 만들어지면 좌측 맵 에디터에서 맵을 추가할 것이다.

③ 단서를 잘 발견해서 선생님을 찾을 수 있는 맵과 아닌 맵으로 구성할 것이다. 학교와 어울리는 다양한 맵을 선택해 보자.

④ 최종적으로는 4개의 맵으로 구성되고, entry 표시가 있는 맵이 첫 접속이 이루어지는 곳이다.

B. 맵 꾸미기

① 학교에 어울리도록 오브젝트를 배치한다.

② 미리 에셋 스토어에서 '학교 방 탈출 학생 NPC'처럼 스토리텔링과 어울리는 오브젝트를 다운로드해 놓자.

C. 포털 만들기

① 셜록 홈즈가 단서를 찾고 난 후 원하는 맵으로 직접 선택하여 이동할 수 있도록 포털을 만들어 줄 것이다.

② 스페이스 내 다른 맵으로 이동 설정과 함께 맵 이름이 뜨도록 해 주자.

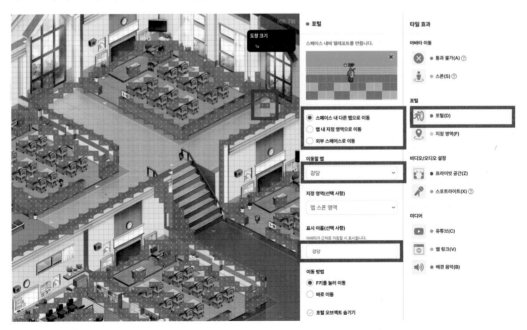

③ 마찬가지로 학교 외부와 복도로 이동할 포털도 설치한다.

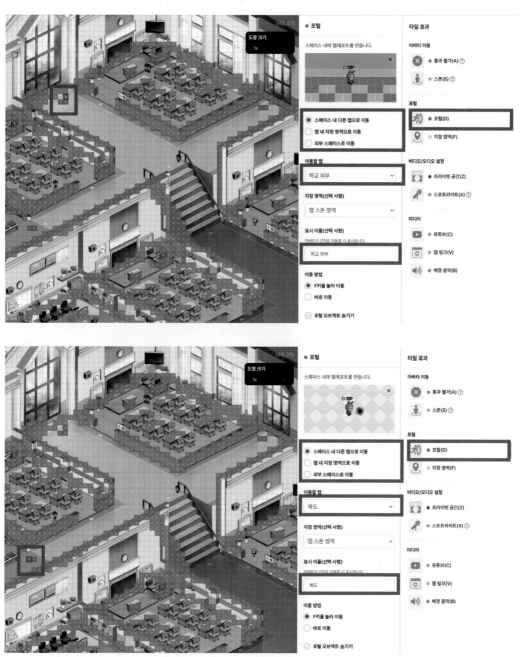

④ 실행할 경우 아래 화면처럼 포털의 이름이 생성된다. 셜록 홈즈는 사건들을 찾아 선생님이 있다고 생각되는 맵으로 이동하면 된다.

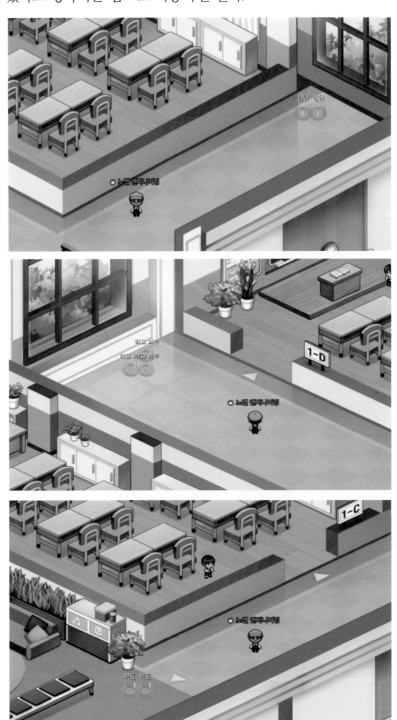

⑤ 각 맵에서 다시 학교 내부로 돌아올 포털을 설치한다면 더욱 완성도 있는 스페이스
가 될 것이다. 예를 들어, 복도 맵에서는 기존에 설정된 지정 영역 타일은 지우고, 학
교 내부로 돌아갈 수 있는 포털을 설치하였다. 만일 추리에 실패한다면 다시 학교 내
부로 돌아갈 수 있다.

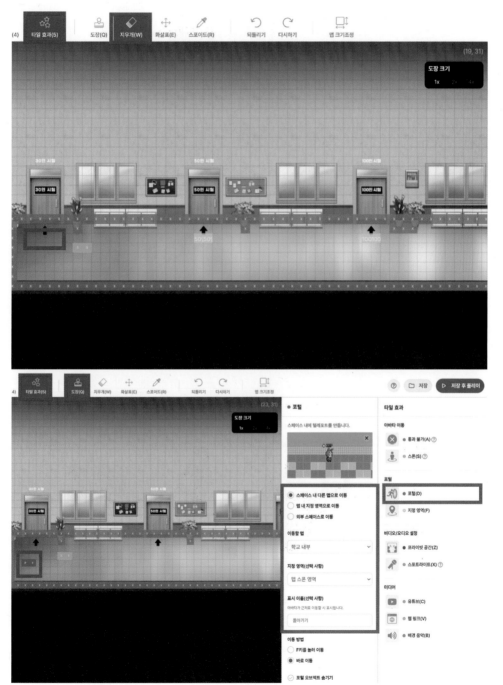

D. 사건 해결 단서 만들기

① 이제 사건 해결과 어울리는 스토리를 만든다.

② 스폰과 가장 가까운 위치의 오브젝트를 선택해서 말풍선 표시-고정 말풍선 기능을 이용하여 상황에 어울리게 대사를 써 보자.

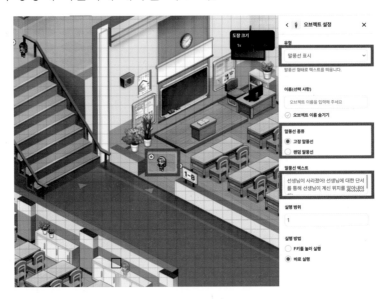

③ 외부 콘텐츠를 삽입하여 사건 해결 단서를 삽입해 보자. 먼저 구글 슬라이드를 활용할 수 있다. 구글 슬라이드를 만든 뒤에는 공유 권한에 유의해야 한다.

④ 링크를 복사한다.

⑤ 팝업으로 웹사이트 열기 설정을 해 준다. ④에서 복사한 링크를 삽입해 주면 된다. 오브젝트가 계단 한쪽에 치우쳐져 있어서 실행 범위는 2로 해 주었다.

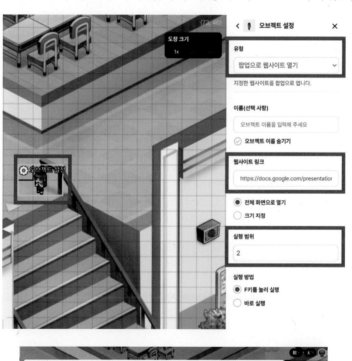

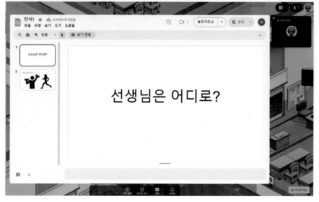

⑥ 단서 'OUT'의 'O'를 알려 주기 위한 힌트는 텍스트 팝업으로 설정해 준다.

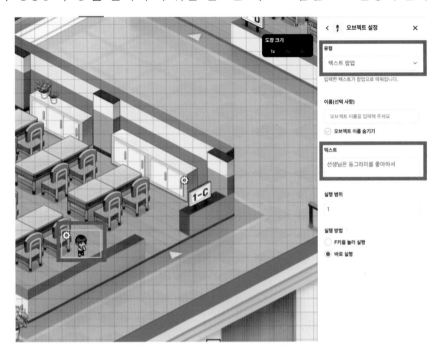

⑦ 단서 'OUT'의 'U'를 알려 주기 위한 힌트는 객관식 팝업으로 설정해 준다.

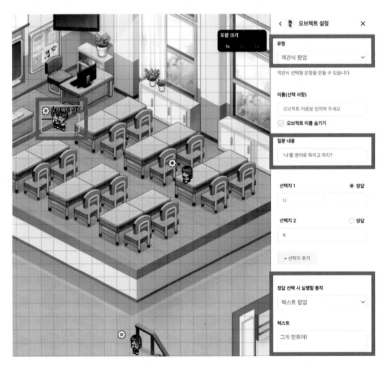

⑧ 단서 'OUT'의 'T'를 알려 주기 위한 힌트는 외부 컨텐츠로 삽입할 것이다. 이번에는 구글 닥스를 활용해 볼 것이다. 마찬가지로 구글 닥스를 만든 뒤에는 공유 권한에 유의해야 한다.

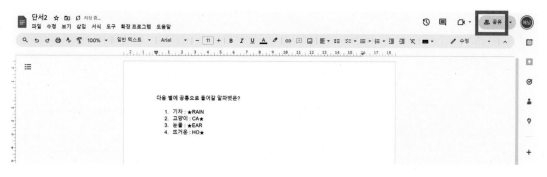

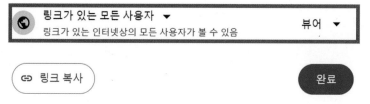

⑨ 링크를 복사한다.

⑩ 팝업으로 웹사이트 열기 설정을 해 준다. ⑨에서 복사한 링크를 삽입해 주면 된다.

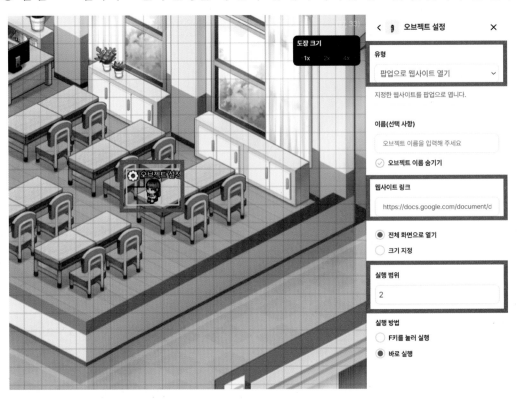

E. 학교 외부에서 선생님 찾기

① 사건 해결 단서는 선생님이 체육 활동을 좋아한다는 것과 'OUT'이라는 키워드였다. 따라서 선생님의 위치는 '학교 외부' 맵이다.

② '학교 외부' 맵의 구석진 곳에 선생님 오브젝트를 배치한다. 에셋 스토어의 '학교 방탈출 선생님, 기타 인물 NPC'를 활용한다.

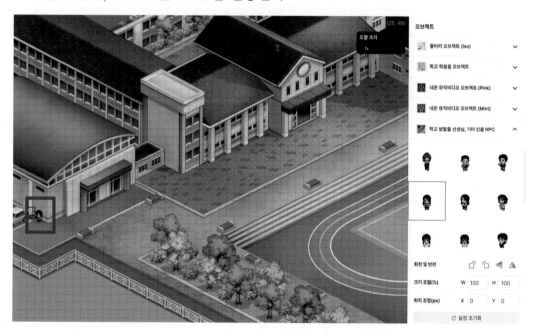

③ 선생님 오브젝트를 배치한 곳의 타일 효과를 확인하여, 혹시 통과 불가 지정이 되어 있다면 지우개로 지워 주자.

④ 스폰의 위치를 확인하고, 시작하자마자 가장 가까운 오브젝트가 퀴즈를 내도록 해 주자.

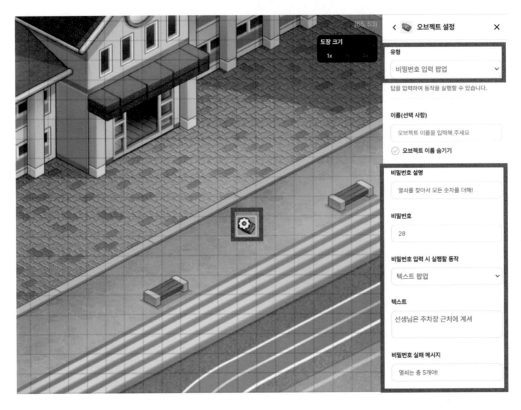

⑤ 퀴즈를 해결하기 위해서 열쇠 오브젝트를 5개 배치할 것이다. 본 장에서는 '학교 방
탈출 공통 오브젝트 세트'를 활용했다.

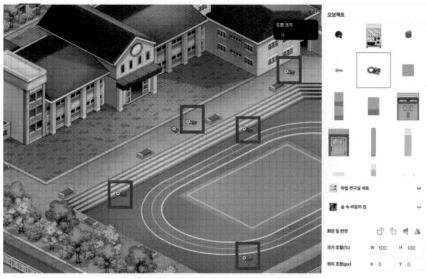

⑥ 퀴즈의 답이 28이었기 때문에 열쇠 오브젝트들에 각각 숫자를 말풍선으로 나타내
도록 해 주되, 총합이 28이 되게끔 해 주면 된다. 물론 숫자는 자유롭게 바꾸어도
무방하다.

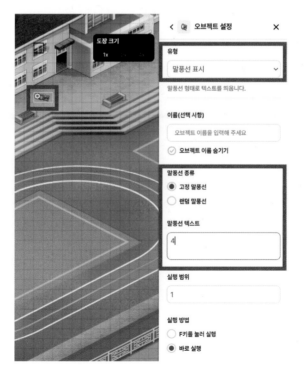

⑦ 마침내 선생님을 찾았을 때 대사를 삽입해 준다.

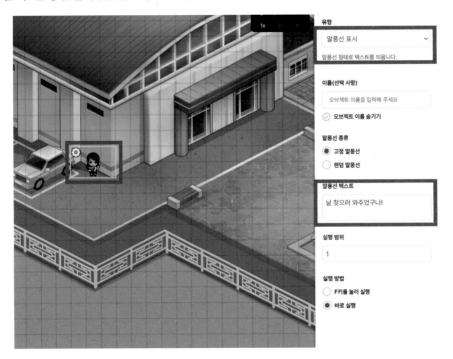

 ZEP 이야기 체험하기

입장코드: 13968232

이야기 확장하기

⇨ 선생님이 계신 곳을 찾지 못했을 때 맵에도 스토리를 더해 봐요!

⇨ 선생님을 찾은 후 이어질 이야기를 맵으로 추가해도 좋아요!

3-5. 어린 왕자의 행성을 날아올라

이야기 들어가기

비행기를 타고 가던 조종사는 어떤 사막에 불시착하게 되었어요. 생사의 갈림길 앞에 갑자기 나타난 한 소년. 소년과의 대화를 통해 조종사는 이 소년이 다른 별에서 왔다는 걸 느끼게 됩니다. 사실 어린 왕자는 B612라는 작은 별에 살았답니다. 장미를 이해하기 위해서 여러 별을 여행하게 된 거죠. 우리도 어린 왕자와 함께 여행을 떠나볼까요?

이야기의 등장인물 알아보기

▶ 조종사: 어린 시절 코끼리를 삼킨 보아뱀을 그렸는데, 어른들은 '모자'라고 생각했어요. 그러면서 그림보다는 다른 직업을 가질 것을 권했고, 화가가 되고 싶었던 소년은 조종사가 되었어요. 하지만 언젠가 내 그림을 이해해 줄 누군가를 만나기를 기대하고 있답니다.
▶ 어린 왕자: B612별에는 예쁜 장미꽃이 있었어요. 어린 왕자는 장미를 사랑하게 되었고, 장미가 바라는 모든 것을 해 주었어요. 하지만 장미는 점점 더 많은 것을 원했죠. 상처받은 어린 왕자는 더 큰 세상을 바라보게 되면 장미의 행동을 이해할 수 있지 않을까 생각하며 여행을 결심해요.

이야기 속 문제 상황 파헤치기

문제① 나만의 맵을 만들어요!
문제② 나에게 가장 중요한 게 무엇인지 생각해 보고 별들을 여행해 봐요!

A. 스페이스 템플릿 만들기

① 나만의 맵을 제작해 볼 것이다. 템플릿 고르기 메뉴에서 좌측 상단의 '빈 맵에서 시작하기'를 선택한다.

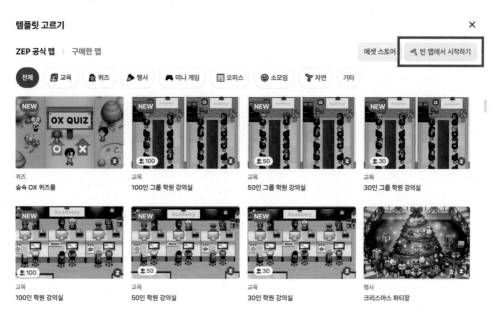

② 본 장에서는 미리캔버스를 이용하여 나만의 스페이스를 디자인했다. 참고로 미리캔버스 요소 디자인 시 각각의 저작권을 꼭 확인하자. 그리고 미리캔버스에서 제작한 후 다운로드해서 교육용으로 활용하는 것은 저작권에 문제가 없다.

③ 다만 스페이스 맵 배경으로 활용하기 위해서는 JPG 형태로 다운로드해야 한다.

④ 맵 관리자-바닥 메뉴에서 배경 화면 설정을 할 수 있다. ③에서 다운로드한 이미지를 스페이스 배경으로 삽입한다.

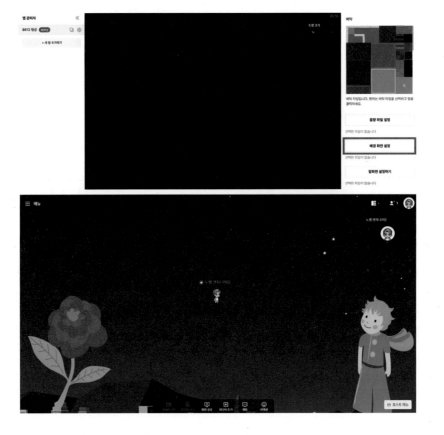

⑤ 어린 왕자가 여행할 행성 맵을 추가한다. 이 맵도 디자인 플랫폼을 통해 직접 제작하고 '빈 맵으로 시작하기' 기능을 통해 삽입해 보자.

⑥ 최종적으로는 총 4개의 맵으로 구성되고, **entry** 표시가 적힌 맵이 첫 접속이 이루어지는 곳이다.

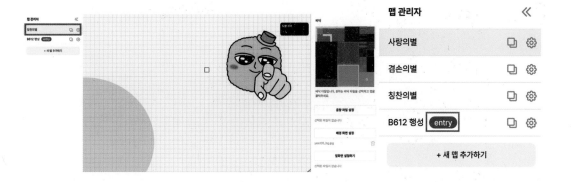

B. 맵 타일 효과 설정하기

① 4개의 맵 모두 통과 불가 타일 효과를 설정하여 오브젝트의 이동 범위를 지정해 준다.

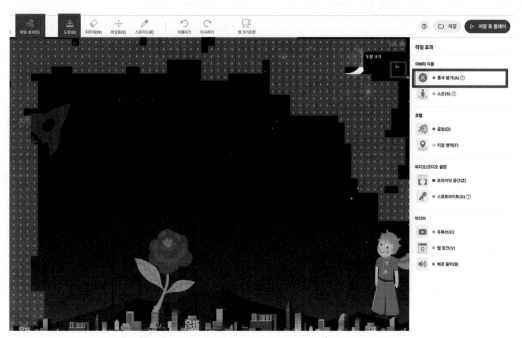

② 맵 접속 시 오브젝트 위치와 행성 간 이동이 가능한 포털 타일을 설정한다. 본 장에서는 B612 행성 맵에서 칭찬의 별, 겸손의 별, 사랑의 별 순서대로 여행하도록 포털을 삽입할 예정이지만, 제작 상황에 따라 자유롭게 지정해도 좋다.

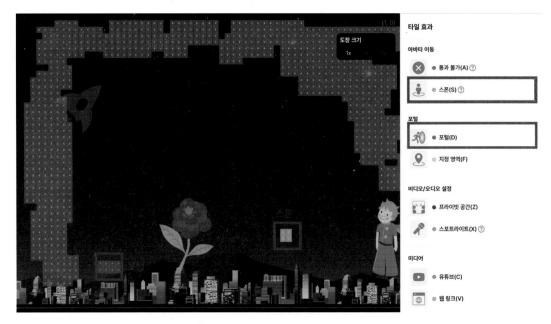

③ 마찬가지로 다른 맵에서도 스폰 영역과 포털 영역을 함께 설정해 준다.

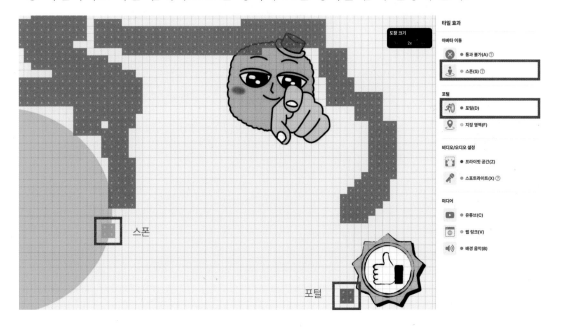

④ 마지막 사랑의 별 맵에서는 다시 B612 행성 맵으로 이동할 수 있도록 포털을 정해
주자. 물론 스토리텔링 상황에 맞게끔 자유롭게 변동 가능하다.

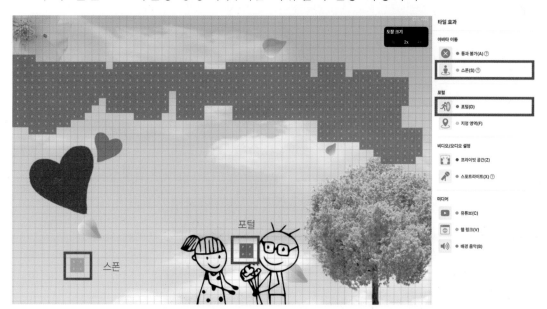

C. 스탬프로 미션 만들기

① 어린 왕자의 우주 여행 스토리를 꾸며 보자. 미리 에셋 스토어에서 '학교 방 탈출 선생님, 기타 인물 NPC'를 받아 두면 좋다. 스폰에서 가까운 곳에 오브젝트를 배치하고 여행 준비물을 챙기라는 미션을 줄 것이다.

② 먼저 시작 맵에서 여행을 떠날 수 있도록 준비물을 챙겨 보자. 본 장에서는 '학교 학용품 오브젝트', '파티룸', '크리스마스' 등의 오브젝트 세트를 활용했다.

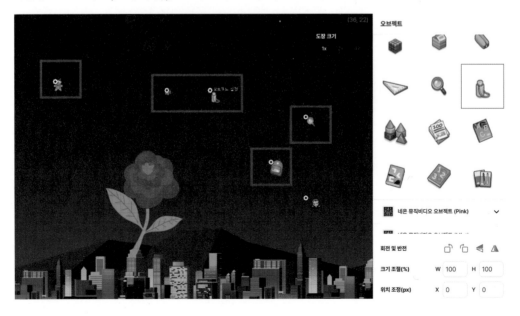

③ 이제 스탬프 기능을 활용하여 여행 준비물을 모두 챙겨야 포털을 발견할 수 있도록 설정할 것이다. 배치한 5개의 오브젝트를 모두 준비물 스탬프로 설정하고, 스탬프 번호를 각각 1~5까지 부여한다.

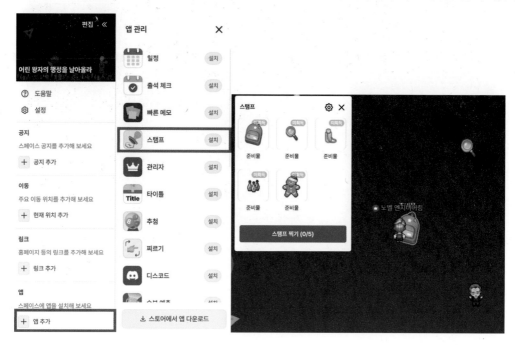

④ 이 스탬프 기능은 스페이스 소유자가 스탬프 앱을 설치해야 사용 가능하다. 좌측 하단 앱 설정에서 스탬프를 설치하면 준비물 오브젝트들이 스탬프로 작동하는 것을 볼 수 있다.

⑤ 이제 스탬프를 얼마나 모았는지 확인하는 스탬프 체커 오브젝트를 설치한다. 포털 위에 오브젝트로 삽입하여서, 스탬프가 모두 모여 오브젝트가 사라지기 전까지는 포털로 이동할 수 없도록 할 것이다. 만약 상단 오브젝트화한다면 오브젝트 위로 올라갈 수 있게 되니 유의하자.

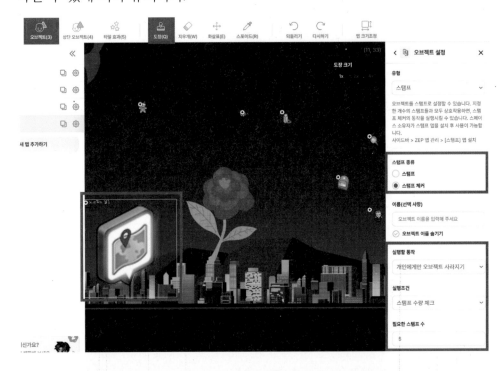

⑥ 준비물 스탬프를 모으지 않고 스탬프 체커 오브젝트로 다가가면, 스탬프 수가 부족하다는 메시지가 생성된다.

⑦ 스탬프를 모두 모은 후 스탬프 체커 오브젝트로 다가가면 오브젝트가 사라지면서 숨겨 두었던 포털이 보인다. 이제 칭찬의 별로 여행해 보자.

D. 스토리텔링 미션 만들기

① 칭찬의 별에도 오브젝트를 배치해 보자. 본 장에서는 포털을 가리기 위해서 크기를
확대한 오브젝트를 배치하였다. 미리 에셋 스토어에서 '우주 콘셉트 사무실 오브젝
트 세트', '명화 갤러리'를 받아두면 좋다.

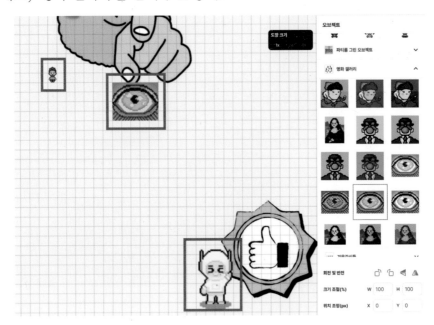

② 왕 오브젝트와 눈 오브젝트에 스토리텔링을 입혀 보자. 칭찬을 하지 못하고 권위에
사로잡힌 왕 오브젝트에는 말풍선 표시 설정을, 눈 오브젝트에는 팝업으로 유튜브
영상을 링크하였다.

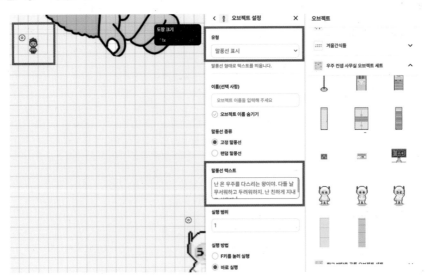

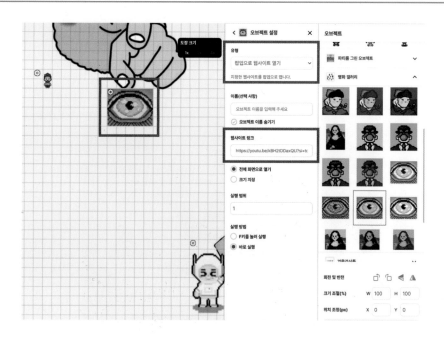

③ 우주인 오브젝트에게 비밀번호 입력 팝업 설정을 하고, 정답을 맞추면 사라지게 하여 포털이 보이도록 할 것이다. 우주인 오브젝트보다 포털을 먼저 만나지 않도록 실행 범위를 높여 준다.

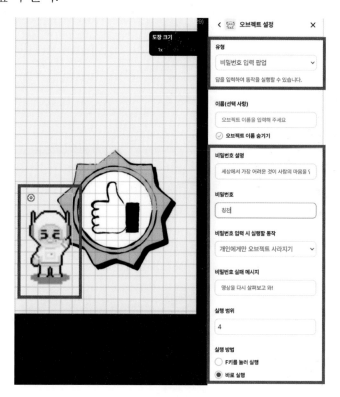

④ 겸손의 별에 오브젝트를 배치해 보자. 스폰과 포털 영역 사이에 오브젝트들을 배치
하였다. 본 장에서는 '다양한 직업 캐릭터1'과 '마이홈 장식 세트2' 오브젝트를 이용
했다. 하지만 바로 포털로 가지 않도록 포털 주변에 통과 불가 영역을 추가해 주었다.

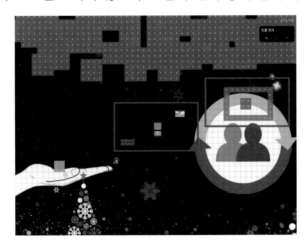

⑤ 마지막 오브젝트의 미션을 해결하면 포털 근처로 갈 수 있도록 지정 영역을 설정해
줄 것이다. 지정 영역 타일은 나만의 영역을 설정해 주는 것을 말한다. 이 지정 영역
으로 가는 포털은 마지막 창문 오브젝트 아래에 둔다.

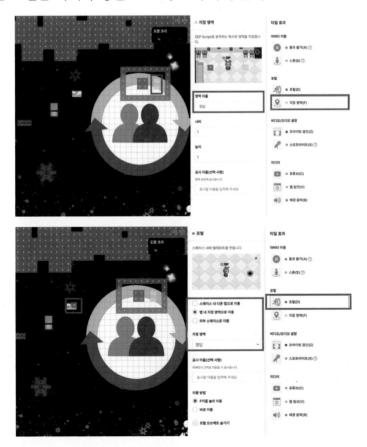

⑥ 이제 겸손의 별 스토리를 만들어 보자. 본 장에서는 텍스트 팝업, 객관식 팝업과 말
풍선 표시 기능으로 어린 왕자의 스토리를 만들었다. 마지막 오브젝트는 실행 범위
를 높여서 먼저 포털을 만나지 않도록 해 주면 더욱 자연스러워진다.

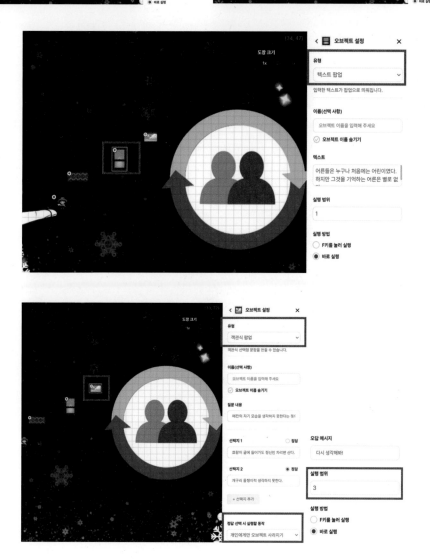

⑦ 사랑의 별에 오브젝트를 배치해 보자. 스폰과 포털 영역 사이에 눈사람 오브젝트와 꽃 오브젝트를 배치하였다. 눈사람은 '사랑'을 방해하는 역할이고, '꽃'은 사랑을 깨닫게 하는 역할로 스토리텔링에 활용할 것이다. '크리스마스' 오브젝트와 '숲속 퀴즈 달리기 오브젝트'를 사용했다.

⑧ 눈사람 오브젝트가 사랑을 방해하도록 스토리를 말풍선으로 나타내고, '제자리' 영역을 지정 영역으로 만든다.

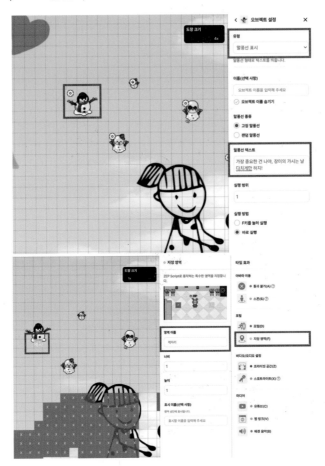

⑨ 이제 다른 눈사람 오브젝트 근처에 닿으면 다시 제자리 영역으로 갈 수 있도록 포털 타일을 설정해 준다.

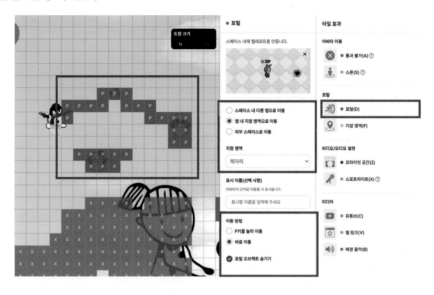

D. 여행 마무리하기

① 이제 여행을 마무리하도록 스토리를 만들어 보자.

② 꽃 오브젝트에 비밀번호 입력 팝업 설정을 하고 어린 왕자의 명대사를 설정해 주었다. 또 정답일 때 이미지 팝업 기능을 넣어 '사랑'을 깨달을 수 있도록 해 주자.

어린 왕자 책 속 구절 예시

1. 세상에서 가장 어려운 일은 사람이 사람의 마음을 얻는 일이다.
2. 사막이 아름다운 건 어디엔가 오아시스를 감추고 있기 때문이야.
3. 가장 중요한 건 눈에 보이지 않아.
4. 너의 장미꽃이 그토록 소중하게 된 것은 네가 그 꽃을 위해 공들인 시간 때문이야.
5. 내가 좋아하는 사람이 나를 좋아해 주는 건 기적이야.
6. 어른들은 누구나 처음에는 어린이였다. 하지만 그것을 기억하는 어른은 별로 없다.
7. 만약 네가 오후 4시에 온다면, 나는 3시부터 행복해질 것이다.

 ZEP 이야기 체험하기

입장코드: 13968412

이야기 확장하기

⇨ 다시 B612 행성으로 돌아온 뒤에 이야기를 추가해도 재미있어요! (맵 추가)

⇨ 어린 왕자와 관련된 외부 콘텐츠를 삽입해도 풍부해져요!

4장

미니 게임

ZEP 스토리 스페이스

4-1. 달리기: 토끼와 거북이의 달리기 경주

이야기 들어가기

어느 날 토끼와 거북이는 경주를 하기로 했어요. 토끼는 달리기에 자신이 있어서, "내가 당연히 이기겠지!"라고 생각했어요. 경주는 땅! 하는 소리와 함께 시작했고, 토끼는 빠르게 앞으로 달려갔어요. 열심히 달리던 중 토끼에게 졸음이 몰려오기 시작했어요. 토끼는 "거북이 모습은 보이지도 않네! 한숨 자고 가야겠다." 하며 잠이 들었어요. 그런데 거북이는 느리지만 꾸준히 앞으로 나아갔답니다!

이야기의 등장인물 알아보기

▶ 토끼: 빠른 달리기 속도를 가진 동물로 자만심을 가진 성격이에요.
▶ 거북이: 느린 발을 가졌지만, 인내와 꾸준함을 가지고 끈질기게 노력해요.

이야기 속 문제 상황 파헤치기

 토끼와 거북이처럼 달리기 경주를 해 봐요!

A. 스페이스 템플릿 고르기

① 자연-숲속 공터 템플릿을 선택한다. 숲속 동물들이 사는 느낌이 드는 맵을 선택한다. 맵 이름은 '토끼와 거북이'로 설정한다.

② 스페이스가 만들어지면 맵 에디터로 접속한 후에 맵을 추가할 것이다.

③ 토끼와 거북이가 달리기 경주를 할 수 있도록 미니 게임-달리기 맵을 추가해 보자. 맵 이름은 '달리기'로 설정한다.

④ 총 2개의 맵으로 구성되고, entry 표시가 있는 맵이 첫 접속이 이루어지는 곳이다.

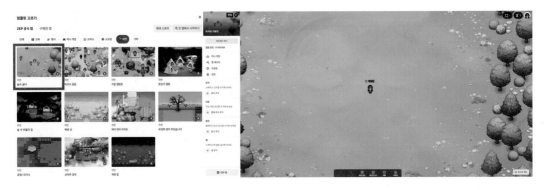

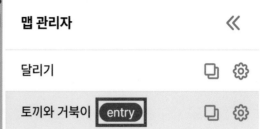

B. 숲속 공터 꾸미기

① 달리기 경기장에 갈 수 있도록 그림과 같이 오브젝트를 배치한다.

② 미리 에셋 스토어에서 '달리기 경기장 세트', '설산의 토끼 오브젝트'처럼 어울리는 오브젝트 세트들을 추가해 놓자. 그림에 추가된 것 이외에 다양한 오브젝트들을 추가해도 좋다.

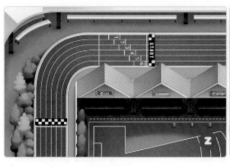

ZEP OFFICIAL | 2022.08.03

달리기 경기장 세트

FREE

ZEP OFFICIAL | 2023.03.02

설산의 토끼 오브젝트

FREE

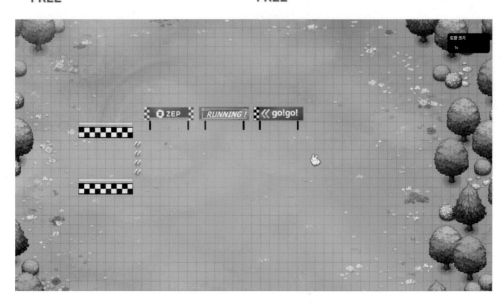

C. 포털 만들기

① 먼저 첫 접속 시 사용자가 위치하는 스폰 영역을 만든다.

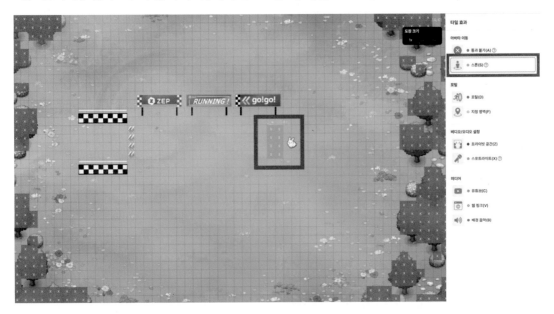

② 원하는 방향대로 포털에 접속하도록 통과 불가 영역을 사진과 같이 ㄷ자 형태로 배치해 주자.

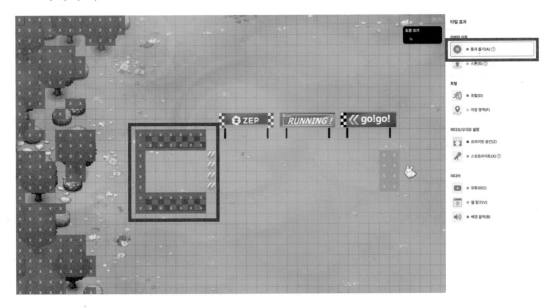

③ 이번에는 경기장으로 이동할 포털을 만든다. 포털-스페이스 내 다른 맵으로 이동-
달리기 이동 설정을 해 준다. 사용자들이 포털의 위치를 알 수 있도록 포털 오브젝
트를 눈에 띄게 할 것이다.

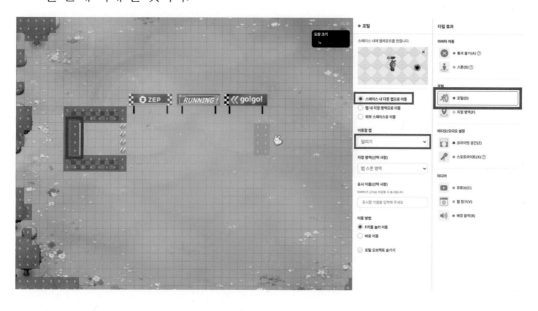

D. 스토리 만들기

① 이제 이야기에 어울리는 스토리를 만들자.

② 오브젝트 설정-말풍선 표시-고정 말풍선 기능을 이용하여 상황에 어울리게 대사
를 써 보자.

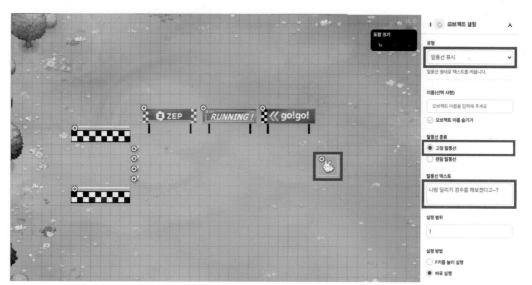

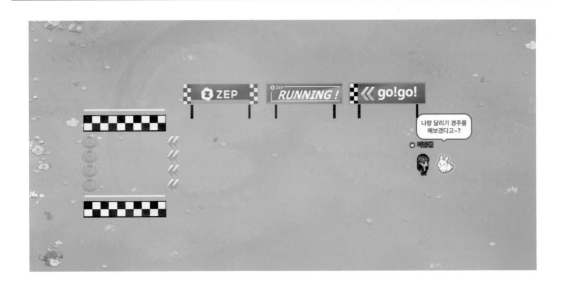

E. 달리기 경주 맵 꾸미기

① 경기장으로 이동했다면, 먼저 경기장의 전체적인 구조를 살펴보자. 달리기 게임을 위한 코드가 이미 입력되어 있으므로 이를 적절하게 활용하기만 하면 된다.

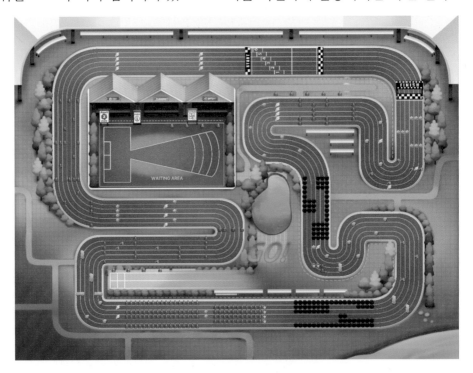

② 우선, 타일 효과를 눌러 경주가 끝났을 때 이동하는 지점을 화살표와 같이 수정할 것이다.

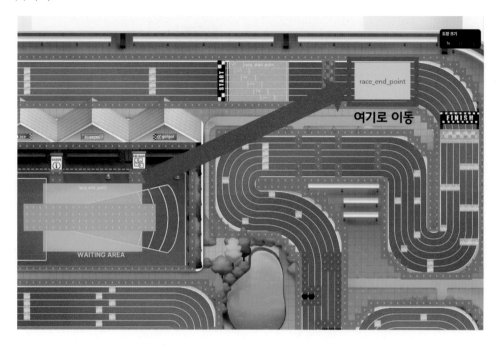

③ 도장이 선택된 상태에서 race_end_point로 설정되어 있는 지정 영역을 선택한 후에 너비와 높이를 각각 10과 6으로 수정한다.

④ 그리고 다음 부분에 지정 영역이 설정되도록 마우스 왼쪽 클릭하여 붙여 넣기 한다. 내가 클릭한 곳을 기준으로 오른쪽, 아래에 오브젝트가 붙여 넣기 된다.

⑤ 원래 대기실에 있던 race_end_point는 지우개로 지워 주고, 처음 맵(토끼와 거북이)으로 돌아갈 수 있도록 포털을 설치한다.

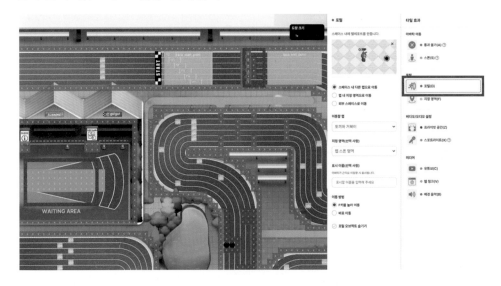

F. 달리기 경주 아이템 오브젝트 살펴보기

① 달리기 경주 맵에 있는 아이템을 종류별로 살펴보자. 먼저 달리기 속도를 빨라지게
해 주는 아이템이다.

달리기 속도가 약간 빨라진다.	달리기 속도가 빨라진다.	맵에는 설치되어 있지 않으나 오브젝트 세트에 제공되어 있다.

② 이번에는 달리기 속도를 느리게 하는 아이템이다.

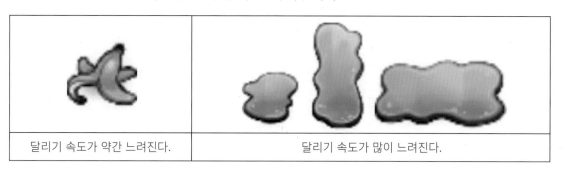

달리기 속도가 약간 느려진다.	달리기 속도가 많이 느려진다.

③ 별은 달리기 속도가 무작위로 바뀌는 아이템이다.

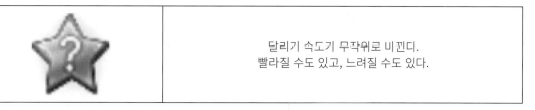

	달리기 속도가 무작위로 바뀐다. 빨라질 수도 있고, 느려질 수도 있다.

④ 구멍과 관은 함께 쓰이는 아이템인데, 구멍에 빠지면 관으로 다시 되돌아가는 아이템이다.

구멍에 빠지면 관을 통해 나오니 달릴 때 구멍에 빠지지 않도록 조심하자!	

⑤ 안전콘은 달리기 경주할 때 방해물로 사용된다. 안전콘은 지나갈 수 없다.

지나갈 수 없는 장애물	맵에는 설치되어 있지 않으나 오브젝트 세트에 제공되어 있다.

G. 달리기 경주 아이템 오브젝트 작동시키기

① 달리기 경주 아이템은 타일 효과를 설정하여 작동시킬 수 있다. 사진과 같이 아이템이 배치되어 있는 자리에 지정 영역, 포털 또는 통과 불가 영역이 설정되어 있다.

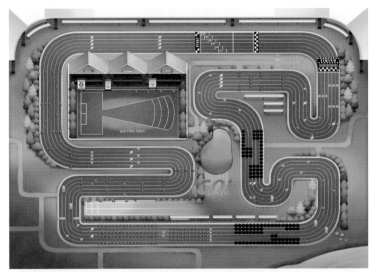

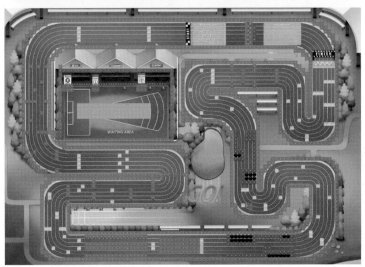

② 달리기가 빨라지게 하는 흰 날개는 지정 영역(이름: speed_set_140)으로 설정되어 있다. 기본 움직임 속도를 100으로 기준하였을 때 40만큼 더 빨라진다.

같은 방식으로 노란색 날개는 지정 영역(이름: speed_set_160)으로 60만큼 빨라지게 한다.

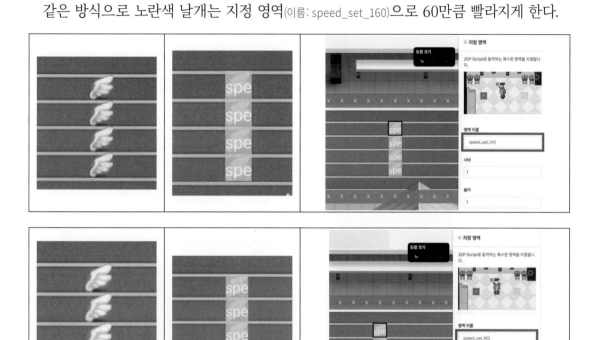

③ 달리기가 느려지게 하는 바나나는 지정 영역(이름: speed_set_60)으로 설정되어 있다. 기본 움직임 속도를 100으로 기준하였을 때 40만큼 더 느려진다.

같은 방식으로 물웅덩이는 지정 영역(이름: speed_set_40)으로 60만큼 느려지게 한다.

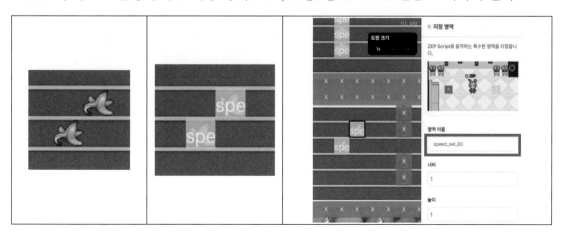

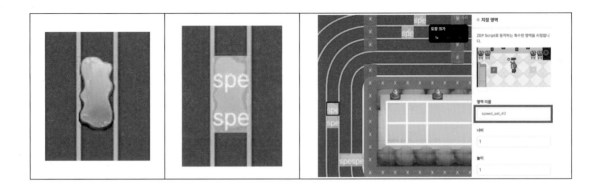

④ 달리기 속도를 무작위로 바꾸는 별은 지정 영역(이름: speed_set_random)으로 설정되어 있다.

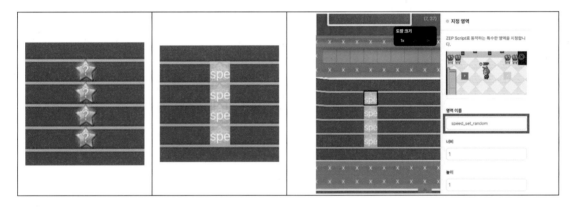

⑤ 파이프는 지정 영역 이름을 pipe1과 pipe2로 설정되어 있다. 달리기 코스에서 먼저 만나는 파이프가 pipe1, 다음이 pipe2이다. 구멍에는 맵 내 지정 영역으로 이동하게 하는 포털을 설치한다. 코스를 잘 살펴보고, 구멍에 빠졌을 때 pipe1으로 나오게 해야 할지, pipe2로 나오게 해야 하는지 판단해서 지정 영역 이름을 설정해야 한다.

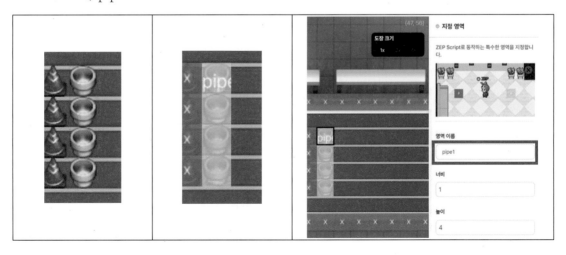

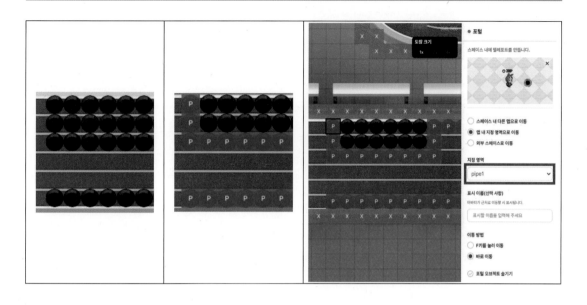

⑥ 안전 콘이 있는 곳에는 타일 효과-통과 불가로 지정하면 된다.

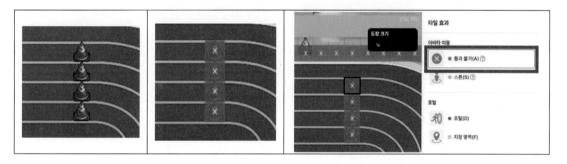

H. 달리기 경주 진행하기

① 맵을 저장 후 플레이하는 방법을 살펴보자. 달리기 맵으로 이동하면 대기실로 스폰이
되다. 왼쪽에 있는 버튼 중 미니 게임을 선택하고 달리기를 고르면 게임이 시작된다.

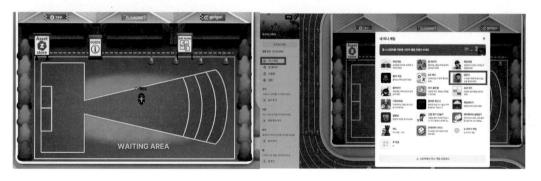

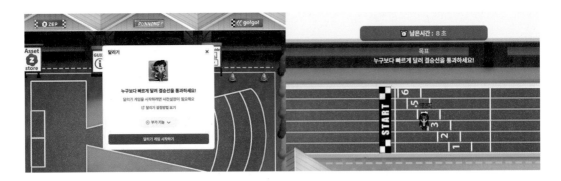

② 결승선을 통과하면 우승한 사람의 닉네임이 팝업으로 뜬다. 처음 맵으로 돌아가고
싶으면 아까 설정했던 포털 영역으로 이동하자! 달리기를 한 번 더 하고 싶다면 미니
게임을 다시 실행해도 좋다.

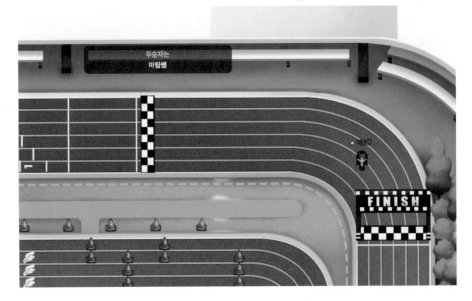

💡 ZEP 이야기 체험하기

입장코드: 13709369

✏️ 이야기 확장하기

⇨ 달리기 경주의 난이도를 올리기 위해 아이템 개수
를 더 늘려도 재미있어요!

⇨ 새로운 아이템을 추가하면 더 흥미진진해요!

⇨ 웹사이트 기능 활용-토끼와 거북이 이야기를 들려
주는 유튜브를 연결해도 좋아요!

4-2. OX 퀴즈: 흥부와 놀부의 박씨 경쟁

이야기 들어가기

흥부와 놀부는 형제이지만 성격은 정반대랍니다. 동생 흥부는 착한 성품으로 열심히 일했지만, 형님 놀부가 부모님의 유산을 독차지하고 내쫓는 바람에 가난한 생활을 했어요. 어느 날 제비 새끼 한 마리가 땅에 떨어져 다리가 부러지고 말았답니다. 흥부를 제비를 불쌍히 생각하여 다리를 치료해 주었습니다. 제비는 이를 고마워하며 이듬해 봄 흥부에게 박씨를 하나 물어다 주었습니다.

이야기의 등장인물 알아보기

▶ 흥부: 제비의 다리를 고쳐 주는 친절한 마음을 가진 사람이에요.
▶ 놀부: 욕심 많은 성격으로 흥부의 형이지만, 동생에게 모질게 굴어요.
▶ 제비: 다리를 다쳐 흥부에게 치료를 받고, 받은 은혜를 갚는 친절한 동물이에요.

이야기 속 문제 상황 파헤치기

 문제 ① 제비가 흥부를 위해 준비한 박씨를 모아요!
문제 ② 박씨를 빼앗으려는 놀부와 OX 퀴즈 대결을 해 봐요!

A. 스페이스 템플릿 고르기

① 자연-산마루 정자 템플릿을 선택한다. 이야기는 제비 다리를 고쳐 주는 장면에서 시작한다. 맵 이름은 '흥부와 놀부'로 설정한다.

② 스페이스가 만들어지면 맵 에디터에 접속해 맵을 추가할 것이다.

③ 제비 다리를 고쳐 준 후 이듬해 제비가 흥부에게 박씨를 물어다 주는 봄이 배경이 되는 자연-피크닉 공원을 추가하고, 맵 이름은 '봄'으로 설정한다.

④ 흥부와 놀부가 OX 퀴즈를 할 수 있도록 미니 게임-궁전 OX 퀴즈를 추가하고, 맵 이름은 'OX 퀴즈'로 설정한다.

⑤ 총 3개의 맵으로 구성되고, entry 표시가 있는 맵이 첫 접속이 이루어지는 곳이다.

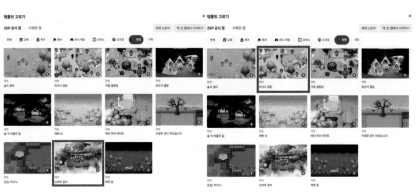

B. 산마루 정자 꾸미기

① 흥부가 제비의 다리를 치료할 수 있도록 제비와 약 오브젝트를 배치한다.

② 제비를 배치하기 위해 '숲속 비밀의 집'처럼 새가 있는 오브젝트를 추가해 놓자. 동물이 있는 오브젝트 세트는 거의 없으므로 배경이 없는 제비 사진을 준비하여도 좋다. 이 경우에는 나의 오브젝트 옆 추가 버튼을 눌러 파일을 추가하자.

③ 약 오브젝트를 배치하기 위해 '학교 보건실 오브젝트 세트'나 '학교 과학실 오브젝트 세트' 등을 추가해 놓자.

④ 제비와 약을 산마루 정자 안에 배치한다. 제비에게 어울리는 대사를 추가해 보자.
말풍선은 고정 말풍선, 실행 방법은 바로 실행으로 설정한다.

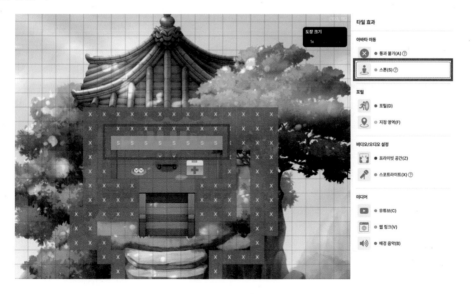

C. 산마루 정자 타일 설치하기

① 기존 계단에 배치되어 있던 스폰 타일은 삭제하고, 정자 안에서 스폰 될 수 있도록
설정한다.

4장. ZEP 스토리 스페이스 <미니 게임>

② 계단을 내려오면 다음 맵으로 이동할 수 있도록 포털을 배치하자. 이동할 맵은 '봄'
으로 설정한다.

D. 봄 맵 꾸미기

① 이 맵에서는 다시 봄이 되어 제비를 만나 제비가 맵 곳곳에 박씨를 숨겨 놓았다는
사실을 전해 듣고 박씨를 찾는 내용이다. 박씨를 모두 찾아서 심으러 가는 길에 박씨
를 빼앗으려는 놀부를 만나게 된다.

② 기존 타일 효과를 확인해 보면, 맵 아래쪽의 커피 자판기 옆에 스폰이 되는 것을 알 수 있다.

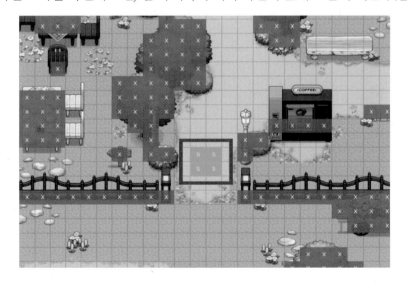

③ 스폰 되는 앞쪽에 제비를 배치하여 적절한 대사를 추가해 주자. 말풍선은 고정 말풍선, 실행 방법은 바로 실행으로 설정한다. 새가 작아서 눈에 잘 안 띌 수도 있으므로 실행 범위를 3으로 늘린다.

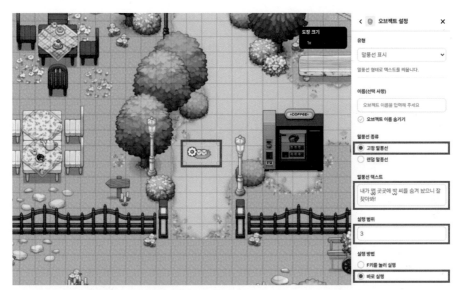

④ OX 퀴즈 맵으로 이동하는 포털을 만들어 보자. 이동할 맵은 'OX 퀴즈'로 설정한다.

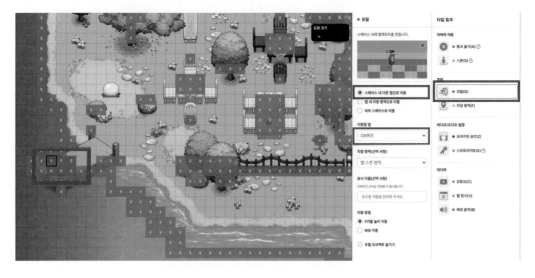

E. 스탬프 기능 설정하기

① 흥부가 제비가 물어온 박씨를 숲속에서 찾는 장면이다. 박씨를 다 찾아야 다음 맵
으로 넘어갈 수 있도록 하기 위해 스탬프 기능을 활용해 보자.

② 박씨를 추가하기 위해 '숲속 비밀의 집' 오브젝트 세트에 있는 알을 활용하자. 다른
오브젝트를 사용해도 무방하다. 크기가 작아서 찾기 힘들 수 있으므로 크기를 W
200, H 200으로 크게 설정하여 배치한다.

③ 배치한 박씨에 스탬프 기능을 추가해 준다. 스탬프 종류는 스탬프, 이름은 박씨로
설정한다.

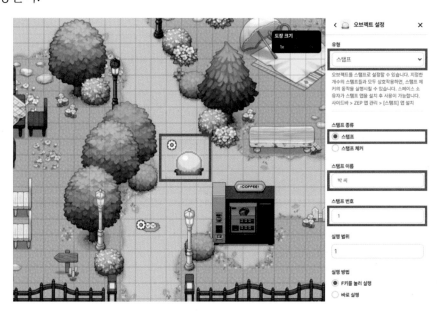

④ 배치한 박씨를 복제하여 여러 개 추가한 후 스탬프 번호를 각기 다르게 바꿔 준다. 위치와 개수는 원하는 대로 바꿔 보자. 본 맵에서는 박씨를 5개 배치하였다.

⑤ 바다로 나가는 길에 놀부를 배치할 것이다. 놀부를 배치하기 위해 사람 오브젝트 세트를 받아 활용해 보자. 본 맵에서는 '학교 방 탈출 선생님, 기타 인물 NPC'를 사용하였다. 스탬프를 모으지 못하면 지나가지 못하게 하기 위해 놀부를 오브젝트로 추가한다. 그 후 스탬프 기능을 추가하여 스탬프 체커, 개인에게만 오브젝트 사라지기, 스탬프 수량 체크로 설정한다. 스탬프 수는 본인이 추가한 박씨 오브젝트 수로 정한다. 본 맵에서는 박씨를 5개 배치했으므로 필요한 스탬프 수는 5라고 설정하였다.

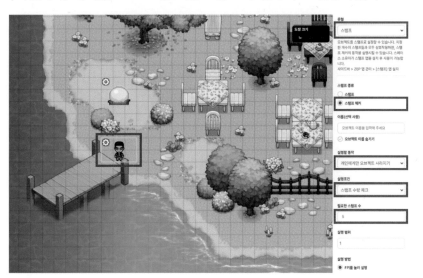

⑥ 맵을 저장한 후 스페이스를 실행해 처음 만들었던 맵에서 왼쪽 기능들 중에서 가장
아래에 있는 앱 부분에서 앱 추가를 누른다. 앱 관리에서 스탬프 옆의 설치 버튼을
눌러 스탬프 기능을 설치하자. 호스트만 가능하며, 호스트가 한 번 설정하면 다른
사용자들에게도 똑같이 적용된다.

⑦ 스탬프가 설치된 상태에서 박씨 오브젝트에 다가가면 노란색 테두리가 생긴다. F키
를 누르면 왼쪽 상단에 스탬프 팝업이 뜬다. 스탬프 찍기 버튼을 눌러 보자.

⑧ 스탬프 찍기 버튼을 누르면 '스탬프를 획득했어요!'라는 메시지가 뜨며 스탬프가 찍힌 것을 확인할 수 있다. 내가 설정한 스탬프 번호에 해당하는 스탬프가 찍히게 된다. 돌아다니면서 스탬프 5개를 모두 모아 보자.

⑨ 스탬프를 모두 모은 상태에서 놀부에게 다가가 F키를 누르면 놀부가 사라지며 이동할 수 있게 된다.

⑩ 하지만 스탬프를 모두 모으지 못한 상태라면 "필요한 스탬프 수가 부족합니다." 라는 메시지가 나온다. 그리고 놀부 오브젝트에 의해 막혀 있으므로 이동할 수 없다.

F. OX 퀴즈 맵 꾸미기

① OX 퀴즈 맵은 이미 미니 게임 코딩에 맞게 설정되어 있으므로 크게 바꿀 필요가 없다. OX 퀴즈 맵은 문제를 내는 사람 자리(가운데 의자)와 OX 퀴즈 경기장, 그 외 바깥 부분으로 구분되어 있다.

② 아래쪽에는 처음 맵인 흥부와 놀부(산마루 정자)로 돌아갈 수 있는 포털을 만들어 보자.

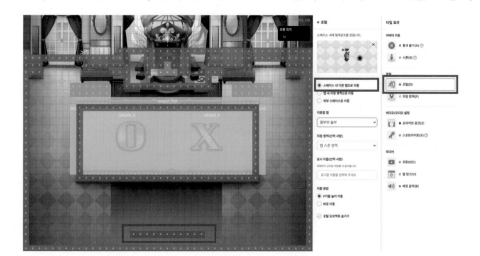

③ 스폰 타일 아래 줄을 지우고, 경기장을 둘러 통과 불과 영역을 지정해 준다. OX 퀴즈에서 탈락하면 oxquiz_fail로 지정된 지정 영역으로 이동하는데, 다음 맵으로 이동하지 못하게 막기 위함이다. 우승자는 우승자 자리로 이동되므로 자유롭게 다음 맵으로 이동이 가능하다.

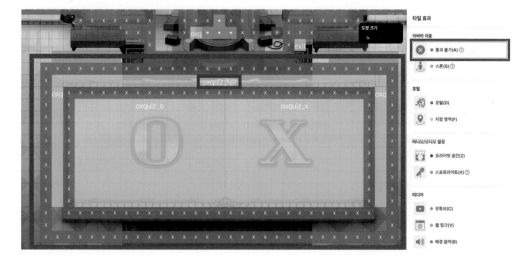

G. OX 퀴즈 하기

① OX 퀴즈를 플레이하기 위해서는 자신을 포함한 최소 3명의 플레이어가 필요하다. 3
명의 플레이어가 접속된 상태에서 왼쪽 기능 중 미니 게임을 선택한다.

② 미니 게임 중 OX 퀴즈를 선택하자. 바로 문제 내기 버튼을 누르면 OX 퀴즈를 진행
할 수 있다. 지금은 바로 문제 내기를 선택해 보자.

③ 마지막까지 문제의 정답을 맞혀 끝까지 살아남으면 우승한다.

④ 문제를 내는 출제자는 마이크 자리로 이동하고, 나머지 사람들은 경기장으로 이동한
   다. 문제를 푸는 사람들은 캐릭터를 움직여 O 또는 X 공간으로 이동하여 문제를 푼다.

⑤ 출제자가 문제와 정답을 입력한 후 문제 내기를 누르면 문제가 출제된다.

⑥ 또는 샘플에서 문제 선택을 눌러 준비된 문제를 활용해 퀴즈를 진행할 수도 있다.

문제	정답
✔ 달은 지구 주위를 공전한다.	O
파리는 스페인의 수도이다.	X
물은 산소와 수소로 구성되어 있다.	O
알렉산더 그레이엄 벨은 전화기를 발명했다.	O
아마존 강은 세계에서 가장 긴 강이다.	X
미국의 대통령은 2021년 기준으로 조 바이든이다.	O
소음 측정 단위 dB는 데시벨이라고 읽는다.	O
오스트레일리아의 수도는 시드니이다	X
미국의 수도는 뉴욕이다.	X

⑦ 이 화면에서 퀴즈 파일 업로드를 누르면, 미리 퀴즈 파일을 준비해 활용할 수 있다.
   샘플 파일을 다운로드해 보자.

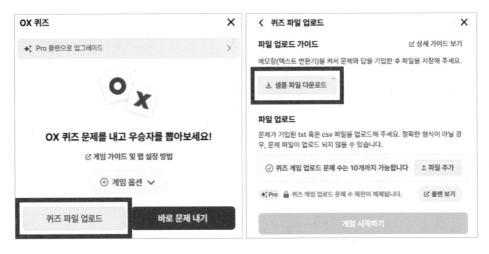

⑧ 메모장에서 샘플 파일을 실행시켜 보면, 문제와 답이 쉼표(,)로 구분되어 있다는 것을 알 수 있다. 1번~3번 문제에는 정답에 대한 설명이 (|)기호 뒤에 위치함을 알 수 있다. 직접 문제를 만들어 활용해 보는 것도 좋다. 파일을 저장한 후에 파일 추가를 눌러 사용한다.

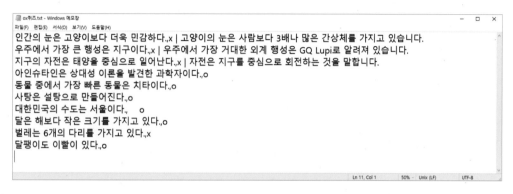

⑨ 문제를 틀리면 경기장 밖으로 이동되고, 끝까지 살아남은 사람이 우승자로 발표된다.

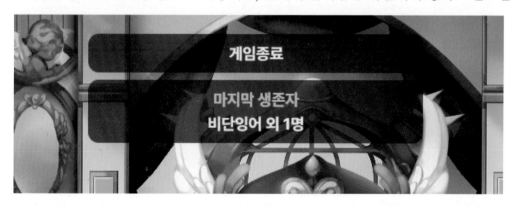

⑩ 경기에서 이긴 사람은 아래에 있는 포털을 통해서 1번 맵으로 돌아갈 수 있다.

 ZEP 이야기 체험하기

 이야기 확장하기

입장코드: 13966892

⇨ 흥부가 박씨를 더 많이 주울 수 있도록 박씨 오브젝트를 맵에 더 추가해 봐요!

⇨ 나만의 퀴즈를 만들어 친구들과 퀴즈를 풀어 봐요!

⇨ 이후 놀부는 어떻게 되었는지 상상해서 맵을 더 만들어 볼까요?

4-3. 퀴즈 골든벨: 백설공주와 일곱 난쟁이의 귀성길

 이야기 들어가기

백설공주는 아름다운 왕국의 공주로 태어났어요. 하지만 심술쟁이 왕비의 질투를 받아 성에서 쫓겨나게 됩니다. 숲을 헤매던 중 숲에 사는 난쟁이들과 함께 생활하게 되었답니다. 그런데 왕비는 백설공주가 살아 있다는 것을 알고 음모를 꾸며 백설공주를 해치려고 하였습니다.

 이야기의 등장인물 알아보기

▶ 백설공주: 아름다운 외모와 착한 마음씨를 지닌 왕국의 공주랍니다.
▶ 난쟁이: 숲에 사는 일곱 명의 작은 친구들로, 백설공주를 도우며 함께 살고 있어요.
▶ 왕비(마녀): 백설공주의 새엄마로 백설공주를 질투하여 해하려고 합니다.

 이야기 속 문제 상황 파헤치기

문제 ① 백설공주가 난쟁이들의 집에서 나와 퀴즈 골든벨에 가려고 해요!
문제 ② 백설공주가 퀴즈 골든벨에 우승하여 성으로 돌아갈 수 있도록 도와주세요!

A. 스페이스 템플릿 고르기

① 소모임−내추럴 하우스 템플릿을 선택한다. 이야기는 백설공주가 난쟁이들과 성으로 돌아가기 위해 난쟁이들의 집에서 나가는 것에서 시작한다. 맵 이름은 '백설공주'로 설정한다.

② 스페이스가 만들어지면 맵 에디터에 접속해 맵을 추가할 것이다.

③ 집에서 나가면 퀴즈를 풀고, 퀴즈를 잘 풀면 성으로 돌아갈 수 있도록 맵을 구성하려고 한다.

④ 백설공주가 퀴즈를 풀 수 있도록 미니 게임−퀴즈! 골든벨을 추가하고, 맵 이름은 '퀴즈'로 설정한다.

⑤ 성에서 파티를 할 수 있도록 행사−크리스마스 파티장을 추가하고, 맵 이름을 '성'으로 정한다.

⑥ 총 3개의 맵으로 구성되고, entry 표시가 있는 맵이 첫 접속이 이루어지는 곳이다.

B. 내추럴 하우스 꾸미기

① 백설공주와 난쟁이들이 함께 사는 것처럼 집을 꾸며 보자. 먼저 기존에 있는 상단 오브젝트로 배치되어 있는 링크 기둥과 문에 있는 오브젝트는 외부 링크로 연결되므로 지우개로 삭제해 준다.

② 백설공주와 함께 사는 난쟁이들을 배치하기 위해서 '학교 방 탈출 학생 NPC' 또는 '다양한 시민 캐릭터'처럼 다양한 사람들이 있는 오브젝트 세트를 추가해 놓자. 방 안에서도 퀴즈를 풀어야 나갈 수 있도록 설정할 것이므로 난쟁이 한 명은 문 앞에 배치한다.

ZEP OFFICIAL | 2023.04.12

학교 방탈출 학생 NPC

FREE

ZEP OFFICIAL | 2023.03.02

다양한 시민 캐릭터

FREE

③ 방을 돌아다니면서 난쟁이들과 대화하며 방을 나갈 수 있는 힌트를 얻을 것이므로 난쟁이 각각에게 텍스트 팝업을 설정한다. 본 맵에서는 정답을 'golden'으로 설정하였다. 힌트를 줄 난쟁이 6명에게 적절한 대사와 함께 힌트를 줄 수 있도록 설정해 보자.

대사 예시					
난쟁이 1	난쟁이 2	난쟁이 3	난쟁이 4	난쟁이 5	난쟁이 6
하암.. 졸려.. 비밀번호 힌트 첫 글자는 g 야.	공주님 오늘도 좋은 하루 보내세요~ 힌트요? 두 번째 글자는 o(오) 에요!	과자 맛있겠다.. 공주님 밖에 나가지 말고 과자 드세요! 다녀오면 놀아 주실거죠? 세 번째 글자는 l(엘) 이에요!	공주님! 오늘 제 패션 어때요? 아! 비밀번호 힌트 네 번째가 d라고 했던 것 같아요~	쉬는 날엔... 가만히 누워 있는 것이 최고.. 다섯 번째 글자는 e...	오늘은 뭘 하면서 공주님과 놀까~ 앗 공주님 나가신다고요? 안되는데.. 어쩔 수 없지요. 맨 마지막 글자는 n 이에요!
g	o	l	d	e	n

④ 난쟁이들 6명에게 텍스트 팝업을 모두 설정했다면, 문 앞에 있는 난쟁이가 퀴즈를 낼 수 있도록 설정해 보자. 난쟁이를 선택한 상태에서 비밀번호 입력 팝업으로 설정한 후, 비밀번호 설명, 비밀번호(golden), 실패 메시지를 입력한다. 올바른 비밀번호일 경우 개인에게만 오브젝트 사라지기로 설정해 문 밖을 나갈 수 있도록 한다.

⑤ 다음 맵으로 이동할 수 있도록 지정 영역(PA1) 2칸을 지우고 포털을 배치한다. 이동할 맵은 '퀴즈'로 설정한다. 문을 나가면 바로 이동한다는 자연스러움을 위해 바로 이동으로 설정한다.

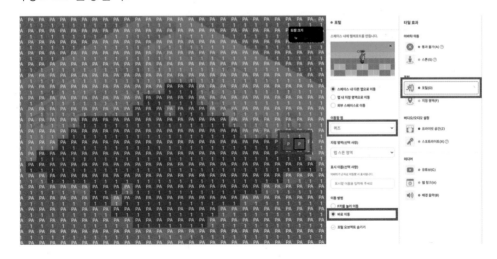

C. 내추럴 하우스 비밀번호 풀기

① 집을 돌아다니면서 난쟁이들과 대화하며 모든 비밀번호 힌트를 얻는다.

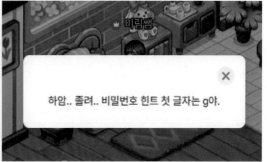

② 문 앞 난쟁이에게 다가가 F키를 눌러 말을 걸면 비밀번호 입력 팝업이 뜬다.

③ 비밀번호를 틀리면 다시 입력하라는 안내 메시지가 나오고, 맞으면 난쟁이가 사라진다. 난쟁이가 사라지면 문으로 이동하여 다음 맵으로 가자.

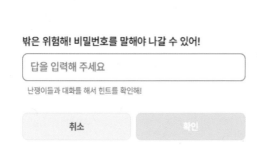

D. 퀴즈 맵 설정하기

① 퀴즈! 골든벨 맵의 구조는 위에서부터 우승자 공간, 출제자 공간, 서서 문제 푸는 공간(51명 이상일 경우 51번부터), 앉아서 문제 푸는 공간(1명~50명까지)으로 구성되어 있다.

② 기본적인 영역은 모두 지정되어 있으므로 따로 설정할 것은 없으나, 우승자 공간의 포털만 3번 맵(성)으로 이동할 수 있도록 수정해 준다. 맵 내 지정 영역으로 이동으로 되어 있던 것을 스페이스 내 다른 맵으로 이동으로 바꾸고, 이동할 맵은 성으로 설정한다. 같은 방법으로 오른쪽 계단 끝에 있는 포털도 성으로 이동하도록 설정을 바꿔 준다.

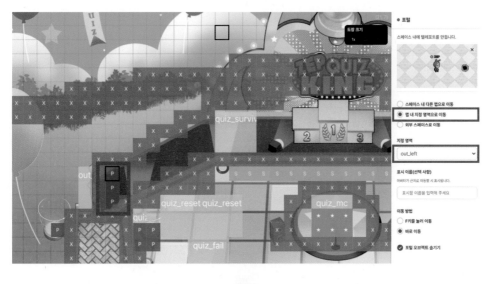

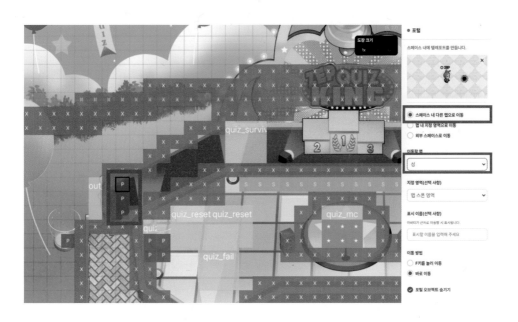

③ 맵 곳곳에 난쟁이들을 배치하여 백설공주를 응원할 수 있도록 한다. 난쟁이들에게 적절한 대사를 넣어 준다. 말풍선 표시 기능을 부여하고, 고정 말풍선, 바로 실행으로 설정하여 활용한다. 위치나 대사는 자유롭게 바꿔도 된다.

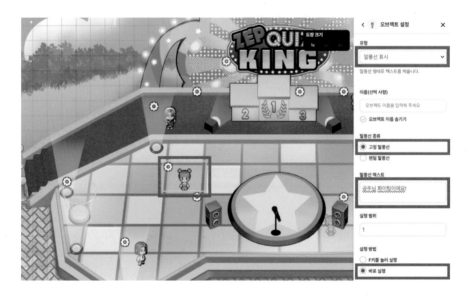

④ 퀴즈 골든벨을 플레이하기 위해서는 자신을 포함한 최소 3명의 플레이어가 필요하다. 3명의 플레이어가 접속된 상태에서 왼쪽 기능 중 미니 게임을 선택한다. 미니 게임 중 퀴즈 골든벨을 선택하자. 바로 문제 내기를 누르면 따로 설정을 하지 않아도 바로 퀴즈 골든벨 문제를 풀 수 있다. 지금은 바로 문제 내기를 선택해 보자.

⑤ 마지막까지 문제의 정답을 맞혀 끝까지 살아남으면 우승하게 된다. 게임이 시작하면
  문제를 내는 출제자는 마이크 자리로 이동되고, 나머지 사람들은 문제 푸는 자리로
  이동된다.

⑥ 맵의 중앙 상단에서는 현재 상태와 생존자를 확인할 수 있다. 왼쪽에는 남은 생존자
  명단을 확인할 수 있다. 출제자 화면에서는 왼쪽 하단에 문제와 정답을 입력한 후 문제
  내기를 누르면 문제가 출제된다. 문제를 푸는 사람들은 채팅창에 정답을 적으면 된다.

⑦ OX 퀴즈와 마찬가지로 샘플에서 문제 선택을 눌러서 준비된 문제를 활용해 퀴즈를 진행할 수도 있다.

⑧ 이 화면에서 퀴즈 파일 업로드를 누르면, 미리 퀴즈 파일을 준비해 활용할 수 있다. 샘플 파일을 다운로드해 보자. 메모장에서 샘플 파일을 실행시켜 보면, 문제와 답이 쉼표(,)로 구분되어 있다는 것을 알 수 있다. 직접 문제를 만들어 활용해 보는 것도 좋다.

⑨ 파일을 저장한 후에 파일 추가를 눌러 사용한다.

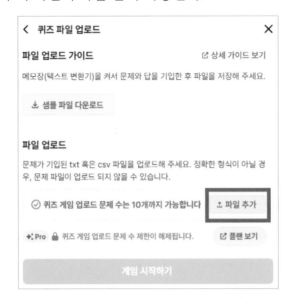

⑩ 문제를 틀리면 경기장 밖으로 이동되고, 끝까지 살아남은 사람이 우승자로 발표된다. 우승한 사람은 시상대 양쪽 끝 계단을 이용하여 파티장으로 이동할 수 있다.

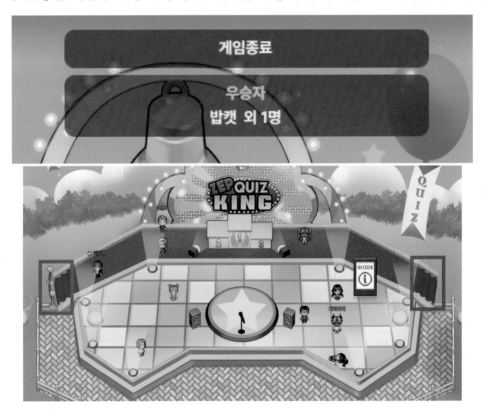

E. 크리스마스 파티장 꾸미기

① 이 맵에서는 퀴즈를 성공적으로 푼 백설공주가 난쟁이들과 성에 돌아와 파티를 연다는 내용으로 진행된다.

② 1번 맵으로 돌아가게 하기 위해서 맵 아래쪽에 이동할 맵을 '백설공주'로 설정한 포털을 만들어 준다.

③ 파티장 곳곳에 난쟁이들을 배치하여 백설공주와 함께 파티를 즐길 수 있도록 한다.

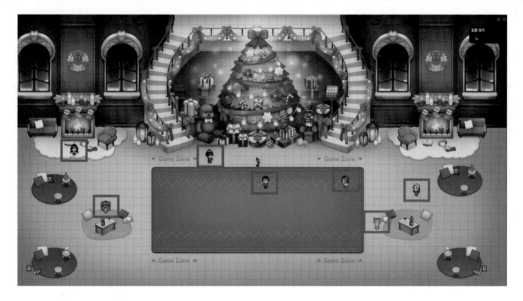

④ 난쟁이들에게 적절한 대사를 넣어 준다. 말풍선 표시 기능을 부여하고, 고정 말풍
선, 바로 실행으로 설정하여 활용한다. 위치나 대사는 자유롭게 바꿔도 된다.

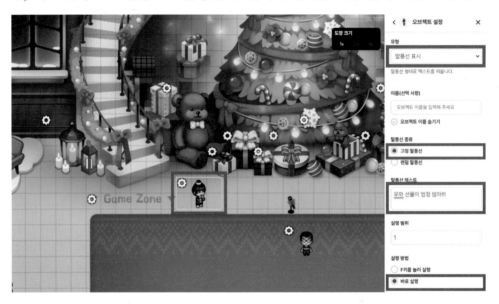

ZEP 이야기 체험하기

입장코드: 13968052

이야기 확장하기

⇨ 맵에 왕비나 왕자를 등장시켜 이야기에 긴장감과
흥미로움을 더해 봐요!

⇨ 나만의 퀴즈를 만들어 친구들과 퀴즈를 풀어 봐요!

⇨ 배경 음악 기능 활용 – 크리스마스 트리의 근처에
서는 흥겨운 캐롤이 재생되면 어떨까요?

4-4. 가위바위보: 이 도끼가 네 도끼냐 가위바위보

이야기 들어가기

어느 날 숲속에서 마음씨 착한 나무꾼이 나무를 하고 있었어요. 열심히 일하던 중 손이 미끄러져서 도끼를 놓치고 말았답니다. 그 도끼는 그만 연못에 빠지고 말았지요. 나무꾼은 연못 앞에서 엉엉 울었답니다. 그런데 갑자기 나무꾼 앞에 산신령이 나타났어요. 산신령이 "이 도끼가 네 도끼냐?"라고 묻는게 아니겠어요?

이야기의 등장인물 알아보기

▶ 나무꾼: 성실하고 착한 마음을 가진 사람으로, 숲에서 도끼를 잃어버리게 돼요.
▶ 산신령: 숲속 연못에 살며, 나무꾼의 도끼를 찾아 주는 신비로운 존재예요.

이야기 속 문제 상황 파헤치기

☞ 문제 ① 나무꾼이 숲속에서 나무를 할 수 있도록 도와주세요!
☞ 문제 ② 산신령과 가위바위보를 해서 도끼를 돌려받아야 해요!

A. 스페이스 템플릿 고르기

① 자연-공원/피크닉 템플릿을 선택한다. 이야기 진행을 위해 나무와 연못이 있는 맵을 선택한다. 맵 이름은 '금도끼 은도끼'로 설정한다.

② 스페이스가 만들어지면 맵 에디터에 접속하여 맵을 추가할 것이다.

③ 나무꾼과 산신령이 가위바위보를 할 수 있도록 미니 게임-가위바위보를 추가한다. 맵 이름은 '가위바위보'로 설정한다.

④ 총 2개의 맵으로 구성되고, ⬢entry 표시가 있는 맵이 첫 접속이 이루어지는 곳이다.

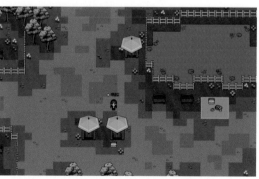

맵 관리자 ≪

가위바위보

금도끼 은도끼 entry

B. 포털 만들기

① 먼저 첫 접속 시 위치하는 스폰 영역을 만든다. 원래 있던 정류장의 스폰 영역은 지우고, 숲 가운데에 스폰되도록 스폰 영역을 지정한다.

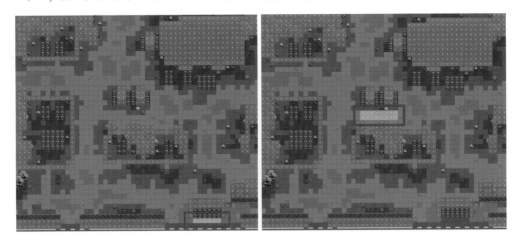

② 도끼를 산신령과의 가위바위보를 통해 찾는다는 설정이므로 다음 가위바위보 맵으로 이동할 수 있도록 만들자. 먼저, 지우개를 이용해 연못 가운데 쪽으로 통과 불가로 설정된 부분을 지워 준다.

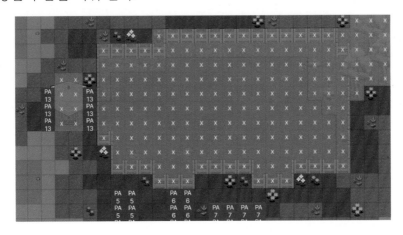

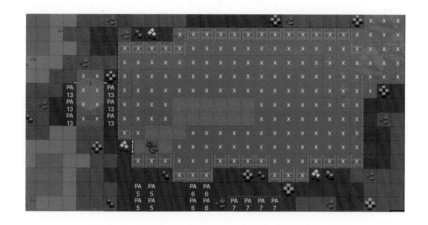

③ 연못 가운데에 다음 맵인 '가위바위보'로 이동할 수 있는 포털을 추가하자.

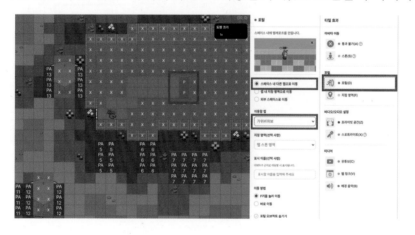

C. 나무 스탬프 배치하기

① 나무꾼이 나무를 할 수 있도록 나무 오브젝트를 배치해야 한다.

② 나무를 배치하기 위해서 '아웃도어 오브젝트', '초록빛 공원 오브젝트'처럼 나무가 있는 오브젝트 세트들을 추가해 놓자.

ZEP OFFICIAL | 2023.05.09

아웃도어 오브젝트 (캠핑, 야유회)

FREE

ZEP OFFICIAL | 2023.03.02

초록빛 공원 오브젝트

FREE

③ 나무꾼이 나무를 하다가 도끼를 잃어버린다는 내용이므로 이를 설명하는 표지판을 추가해 준다. 본 맵에서는 아웃도어 오브젝트에 있는 깃발을 활용하였다.

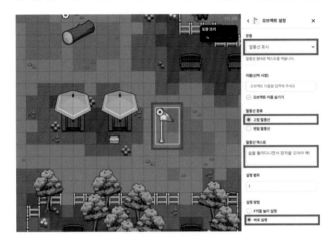

④ 나무 오브젝트를 배치하고, 나무가 선택된 상태에서 스탬프 기능을 선택한다.

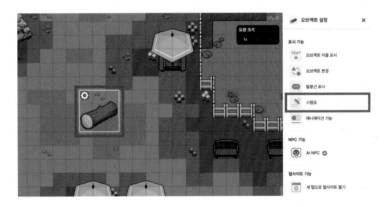

⑤ 스탬프 종류는 '스탬프'로 설정하고, 스탬프 이름은 '나무'로 지정한다.

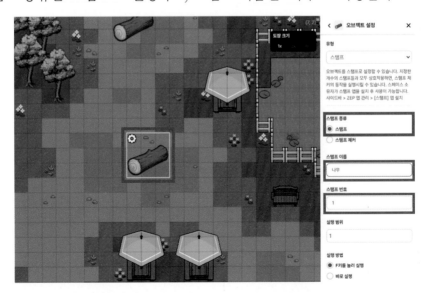

⑥ 설정한 나무 오브젝트를 도장으로 복사하여 맵에 여러 개 배치한다. 스탬프 번호는 오브젝트별로 숫자가 겹치지 않도록 각자 다르게 바꿔 줘야 한다.

D. 산신령 스탬프 체커 만들기

① 도끼를 찾아주는 산신령 오브젝트를 연못에 배치해 보자. 산신령을 연못에 추가하기 위해 '학교 방 탈출 선생님, 기타 인물 NPC', '다양한 시민 캐릭터'처럼 사람들이 있는 오브젝트 세트들을 추가해 놓자.

ZEP OFFICIAL | 2023.04.12
학교 방탈출 선생님, 기타 인물 NPC
FREE

ZEP OFFICIAL | 2023.03.02
다양한 시민 캐릭터
FREE

② 오브젝트 목록에서 산신령 오브젝트를 선택한 상태에서 산신령의 신비로움을 강조하기 위해 크기를 W 200, H 200으로 설정하여 크기를 키운 후 연못 입구 쪽에 배치한다.

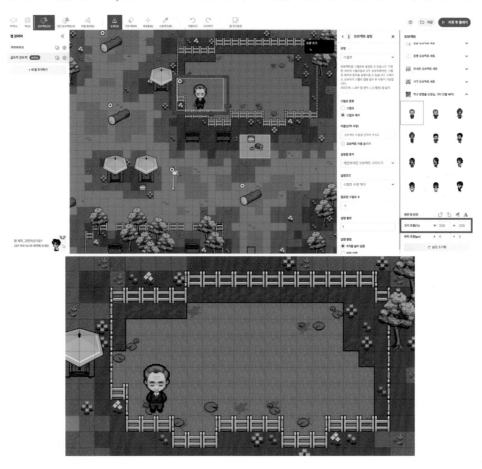

③ 산신령 오브젝트를 선택한 상태에서 스탬프 기능을 선택한다.

④ 스탬프 종류는 '스탬프 체커'로, 실행할 동작은 '개인에게만 오브젝트 사라지기', 실행 조건은 '스탬프 수량 체크', 필요한 스탬프 수는 추가한 나무 오브젝트 수만큼 설정한다. 본 맵에서는 나무 오브젝트를 5개 추가하였으므로 5로 설정하였다. 사용자가 스탬프를 모두 모으면 산신령 오브젝트는 사라지게 된다.

⑤ 하지만 산신령이 맵에서 사라지게 되면 어색하므로 상단 오브젝트를 선택한 상태에서 산신령 오브젝트를 그 위 같은 자리에 추가한다. 상단 오브젝트는 캐릭터가 상단 오브젝트 뒤로 지나갈 수 있다. 즉 스탬프 체커로 설정된 오브젝트가 사라진 이후 상단 오브젝트만 남은 상태에서는 산신령 뒤로 지나갈 수 있게 되는 것이다. 이야기에 어울리도록 오브젝트 설정-말풍선 표시-고정 말풍선 기능을 이용하여 "이 도끼가 네 도끼냐?" 등의 대사를 추가한다. 자연스러움을 위해 실행 방법은 바로 실행되도록 설정한다.

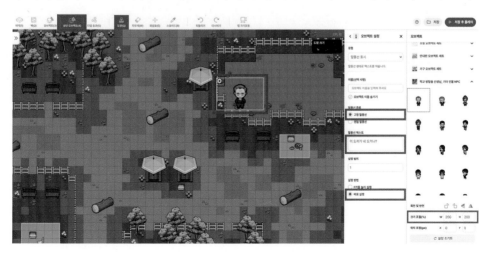

⑥ 맵을 저장한 후 스페이스를 실행해 처음 만들었던 맵에서 왼쪽 기능들 중에서 가장 아래에 있는 앱에서 앱 추가를 누른다. 앱 관리에서 스탬프 옆의 설치 버튼을 눌러 스탬프 기능을 설치하자. 호스트만 가능하며, 한 번 설정하면 다른 사용자들에게도 똑같이 적용된다.

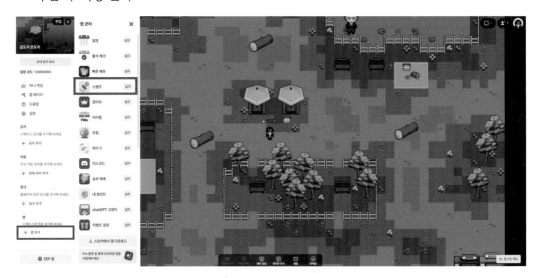

⑦ 스탬프가 설치된 상태에서 나무 오브젝트에 다가가면 노란색 테두리가 생긴다. 이 상태에서 F키를 누르면 왼쪽 상단에 스탬프 팝업이 뜬다. 스탬프 찍기 버튼을 눌러 보자.

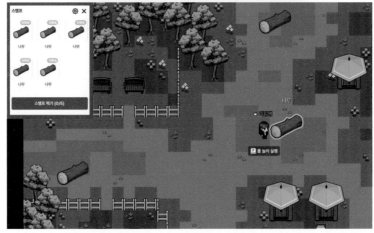

⑧ 스탬프 찍기 버튼을 누르면 '스탬프를 획득했어요!'라는 메시지가 뜨며 스탬프가 찍
힌 것을 확인할 수 있다. 내가 설정한 스탬프 번호에 해당하는 스탬프가 찍히게 된
다. 돌아다니면서 스탬프 5개를 모두 모아 보자.

⑨ 스탬프를 모두 모은 상태에서 산신령에게 다가가 F키를 누르면 산신령의 말풍선이 나타나며
산신령 뒤로 지나가 연못 가운데로 이동할 수 있게 된다. 스탬프 체커 기능을 부여한 오브젝
트는 사라지지만, 상단 오브젝트가 남아 있으므로 산신령은 없어지지 않은 것처럼 보인다.

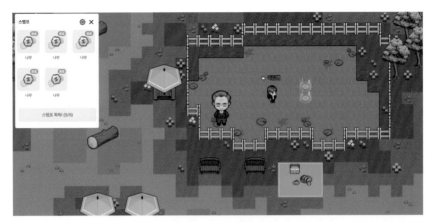

⑩ 하지만 스탬프를 모두 모으지 못한 상태라면 '필요한 스탬프 수가 부족합니다.'라는 메시지가 나온다. 그리고 산신령 오브젝트에 의해 막혀 있으므로 연못 가운데로 이동할 수 없다.

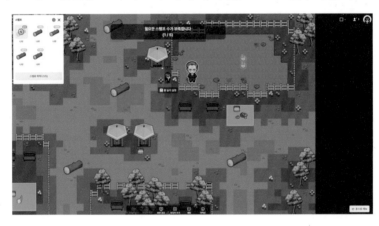

E. 가위바위보 맵 꾸미기

① 가위바위보 맵은 이미 미니 게임에 맞게 설정되어 있으므로 크게 바꿀 필요가 없다. 가위바위보 맵은 게임을 하는 부분과 시상대, 바깥 부분으로 구분되어 있다.

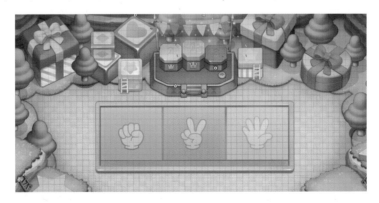

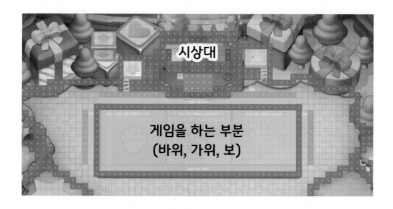

② 가위바위보 미니 게임은 산신령과 가위바위보를 하는 것은 아니지만, 이야기와 어울리도록 산신령 오브젝트를 추가한다. 산신령에게 적절한 대사도 넣어 보자.

③ 가위바위보에 이기면 처음 맵으로 돌아갈 수 있도록 포털을 추가해 보자. 가위바위
보에 이기게 되면 시상대 중 1등 자리에 'zep_rsp_winner'라는 이름의 지정 영역으
로 이동하게 된다. 그 위쪽으로 포털을 추가하자.

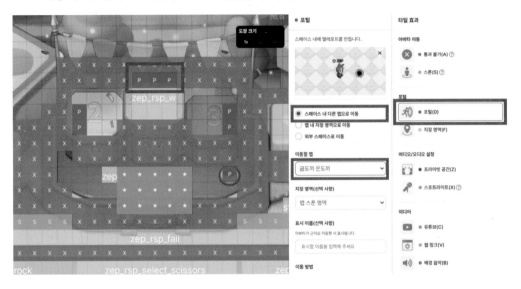

F. 가위바위보 하기

① 가위바위보를 플레이하기 위해서는 자신을 포함한 최소 3명의 플레이어가 필요하
다. 3명의 플레이어가 접속된 상태에서 왼쪽 기능 중 미니 게임을 선택하자.

② 미니 게임 중 가위바위보를 선택하자. 맵에 이미 사전 설정이 되어 있으므로 가위바위보 시작을 누르면 바로 게임이 시작된다.

③ 가위바위보는 AI와 대결하여 끝까지 살아남는 사람이 이기는 규칙이다.

④ 라운드별로 10초 안에 가위바위보를 선택해 캐릭터를 움직여 이동시켜야 한다.

⑤ 주어진 시간이 끝나면 AI가 선택한 가위바위보 결과가 발표된다.

⑥ 가위바위보에 이긴 사람은 10포인트, 비긴 사람은 5포인트, 진 사람은 유령이 되어 경기장 밖으로 이동한다.

⑦ 마지막까지 살아남아 승리한 사람은 시상대로 이동된다.

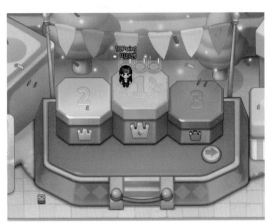

⑧ AI가 아닌 진행자와 가위바위보를 하도록 설정하고 싶은 경우에는 가위바위보 미니 게임을 실행할 때 설정을 변경해야 한다. 가위바위보 시작을 누르기 전에 게임 옵션을 누른다.

⑨ 게임 옵션의 진행자와 대결 모드의 토글을 눌러 켜지도록 한 후 가위바위보를 시작해 보자.

⑩ 진행자 화면에서는 왼쪽에 생존자 목록이 보이고, 가운데 가위바위보 중 한 가지를 선택할 수 있게 된다. (사진에서는 가위가 선택된 상태이다.)

ZEP 이야기 체험하기

입장코드: 13966094

이야기 확장하기

⇨ 나무꾼이 나무를 많이 할 수 있도록 나무를 더 많이 추가해 봐요!

⇨ 새로운 등장인물을 숲속에 배치해 이야기를 풍부하게 구성해 볼까요?

⇨ 가위바위보를 한 이후 이야기를 상상해서 맵을 더 만들어 봐요!

4-5. 퀴즈 달리기: 호랑이와의 쫓고 쫓기는 대결

이야기 들어가기

옛날 옛적에 깊은 산속에 가난하지만 사이좋은 오누이와 홀어머니가 살고 있었습니다. 어머니는 혼자 떡을 파는 일을 하며 생계를 유지하셨답니다. 어느 늦은 밤 어머니는 팔고 남은 떡을 가지고 집으로 돌아오던 길에 호랑이를 만났어요. 어머니는 그만 호랑이에게 잡아먹히고 말았고, 호랑이는 남은 오누이를 찾아갑니다.

이야기의 등장인물 알아보기

▶ 오누이: 깊은 산속에 사는 사이좋은 오누이로 호랑이에 의해 어머니를 잃고 말았어요.
▶ 호랑이: 어머니께서 떡을 나누어 주셨지만, 배은망덕하게도 어머니에 이어 오누이를 해치려고 합니다.

이야기 속 문제 상황 파헤치기

문제 ① 호랑이가 오누이가 사는 집으로 찾아왔어요! 호랑이와의 퀴즈 달리기 대결에서 승리해 도망가야 해요!
문제 ② 우주로 올라간 오누이가 무사히 해님과 달님이 될 수 있도록 도와주세요!

A. 스페이스 템플릿 고르기

① 자연-숲속 비밀의 집 템플릿을 선택한다. 이야기는 오누이의 어머니가 장터에 떡을 팔러 나갔다가 돌아오지 않는 시점에서 시작한다. 맵 이름은 '해님달님'으로 설정한다.

② 스페이스가 만들어지면 맵 에디터에 접속하여 맵을 추가할 것이다. 호랑이가 어머니를 잡아먹고 오누이까지 해치려 집에 찾아오자 오누이는 도망가고, 호랑이는 오누이를 쫓아가는 내용으로 진행된다.

③ 퀴즈를 풀며 달리기 대결을 할 수 있도록 퀴즈-숲속 퀴즈 달리기를 추가하고, 맵 이름은 '퀴즈 달리기'로 설정한다.

④ 달리기에서 이기면 우주로 이동하고, 해님과 달님이 될 수 있는지 시험을 받게 된다. 시험장 설치를 위해 퀴즈-우주 미로 퀴즈를 추가하고, 맵 이름은 '우주'로 설정한다.

⑤ 총 3개의 맵으로 구성되고, entry 표시가 있는 맵이 첫 접속이 이루어지는 곳이다.

B. 숲속 비밀의 집 꾸미기

① 호랑이가 오누이가 사는 집에 찾아온 상황이므로 집에는 오빠와 여동생을 배치하고, 집 문 앞에는 호랑이를 배치해야 한다.

② 오누이를 배치하기 위해서 '다양한 군중 NPC 오브젝트' 또는 '다양한 시민 캐릭터'처럼 사람들이 있는 오브젝트 세트를 추가해 놓자.

ZEP OFFICIAL | 2023.10.31
다양한 군중 NPC 오브젝트
FREE

ZEP OFFICIAL | 2023.03.02
다양한 시민 캐릭터
FREE

③ 호랑이가 있는 오브젝트 세트가 없으므로 사진을 준비하여 추가하거나 다른 오브젝트로 대체한다. 본 맵에서는 '크리스마스 파티장 오브젝트' 세트의 곰으로 대체하였다.

ZEP OFFICIAL | 2023.12.11
크리스마스 파티장 오브젝트
FREE

④ 오누이와 호랑이(곰)에게 적절한 대사를 추가한다. 말풍선 표시 기능을 부여하고, 자연스러움을 위해 랜덤 말풍선, 바로 실행으로 설정하고 상황에 어울리는 다양한 대사를 넣어 보자. 여동생과 호랑이에게도 여러 대사를 추가해 보자.

말풍선 텍스트	말풍선 텍스트	말풍선 텍스트
어머니는 무사하실까... ✕	오빠 나 너무 졸려... ✕	애들아~ 엄마 왔다. 문 열어 주렴! ✕
저건 분명히 어머니가 아니야! ✕	어머니께서 남겨 놓은 떡이 있나? ✕	엄마가 목이 쉬어서 그래~ ✕
목소리가 조금 이상해요! ✕	어? 어머니께서 오셨어!! ✕	일하느라 손이 거칠어져서 그래~ ✕
손을 한번 내밀어 보세요! ✕	얼른 문 열어 드려야지~ ✕	떡 하나 주면 안 잡아먹지~ ✕
어머니께서 늦으시니 걱정되네... ✕	저건 분명 어머니 목소리야!! ✕	나는 아직 배가 고파... ✕
오빠 대사 예시	여동생 대사 예시	호랑이 대사 예시

⑤ 스폰되는 타일이 설정되어 있지 않기 때문에 집 가운데에 스폰 타일을 만들어 준다.

⑥ 다음 맵으로 이동할 수 있도록 포털을 설치한다. 원래 이야기상 오누이는 나무 위로
   올라가 피하였으므로 그에 따라 집 오른쪽 계단 위로 포털을 지정한다. 이동할 맵은
   '퀴즈 달리기'로 설정하고, 바로 이동으로 이동 방법을 설정한다.

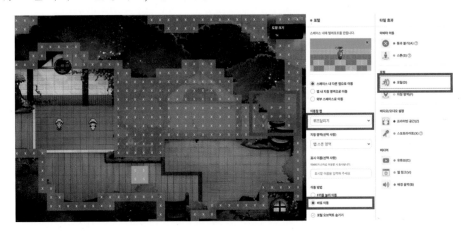

C. 퀴즈 달리기 맵 수정하기

① 퀴즈 달리기 맵의 구조는 출발선(START)에서 시작하여 경주로를 따라 아이템을 피해 달리며 총 10문제의 OX 퀴즈를 풀며 결승선(FINISH)을 통과하는 구조이다.

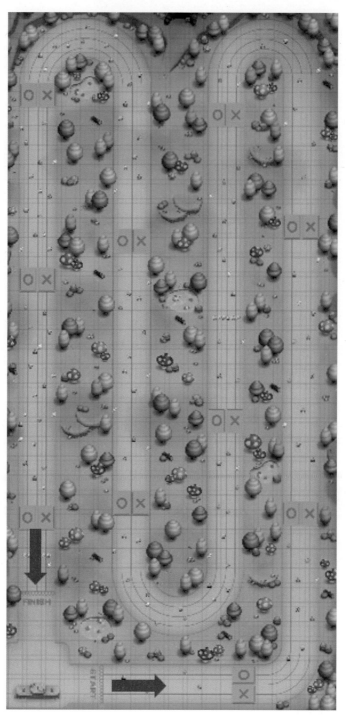

② 기본적인 영역은 모두 지정되어 있으므로 따로 설정할 것은 없으나, 우승자 공간 아래쪽으로 다음 맵인 우주로 이동할 수 있도록 지정해 준다.

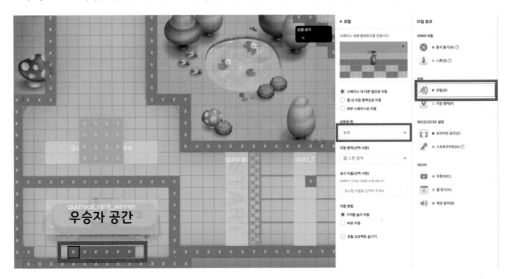

③ 달리기에 이겨야만 우주로 올라갈 수 있도록 하기 위하여 통과 불가 영역을 지정해 준다.

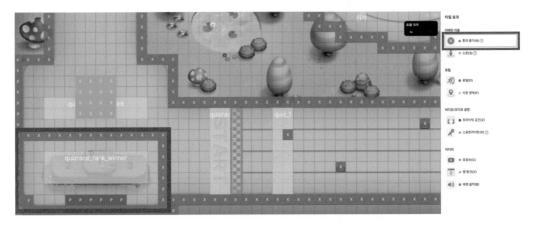

D. 퀴즈 달리기 아이템 살펴보기

① 이 맵에서는 달리기를 진행하는 중 다양한 아이템이 미리 설치되어 있다. 아이템은 타일 효과로 캐릭터의 속도를 변화시키거나 통과할 수 없도록 막는다.

② 달리기 속도를 빨라지게 하는 아이템이다. 분홍색 날개는 지정 영역 speed_set_120 으로 설정되어 달리기 속도를 약간 빨라지게 한다.

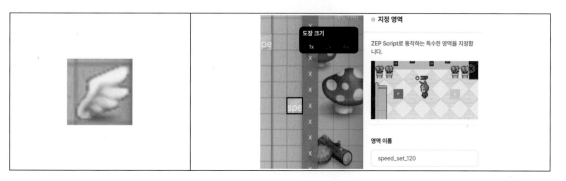

③ 달리기 속도를 느려지게 하는 아이템이다. 초록 웅덩이는 지정 영역 speed_set_50, 바나나는 지정 영역 speed_set_70으로 설정되어 있어 캐릭터의 속도를 느려지게 한다.

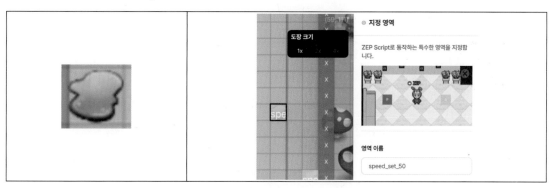

④ 별은 달리기의 속도를 무작위로 바꾼다. 별은 지정 영역 speed_set_random으로 설정되어 있어 더 빨라질 수도 있고, 더 느려질 수도 있다.

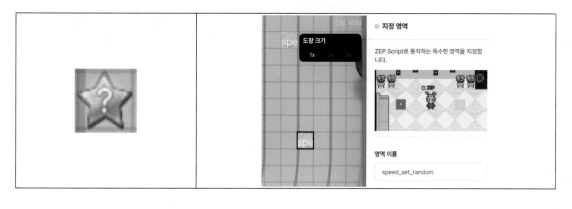

⑤ 파란색 콘은 캐릭터가 지나갈 수 없도록 막는다. 타일 효과가 통과 불가로 설정되어 있다.

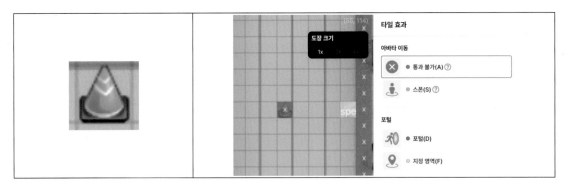

E. 퀴즈 설정하기

① 퀴즈 달리기 맵이 실행되면, 화면 왼쪽 하단에 퀴즈 레이스 만들기 팝업창이 나타난다. 이전 미니 게임들과는 다르게 퀴즈 레이스는 호스트만 설정 가능하므로 호스트가 퀴즈를 업로드하고, 게임을 시작해야 플레이할 수 있다. 게임을 실행하는 방법도 이전 미니 게임들과는 다르게 왼쪽 메뉴에서 미니 게임을 실행하지 않고 표시된 팝업창에서 퀴즈 업로드 후 게임을 시작할 수 있다.

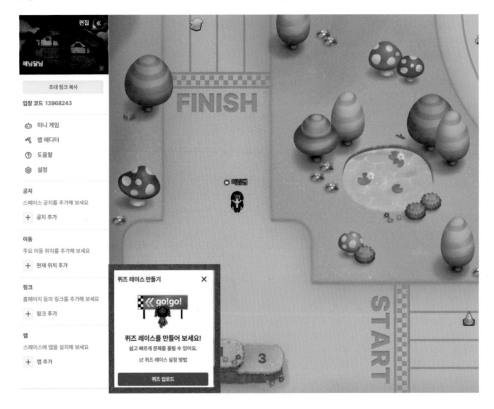

② 퀴즈 업로드를 누르면, 파일 업로드 가이드와 파일을 업로드할 수 있는 화면이 뜬다.

③ 샘플 파일 다운로드를 눌러 샘플 파일을 확인해 보자. 메모장으로 실행하면 4-2부와 같이 OX 퀴즈 형태가 같은 것을 볼 수 있다. 단, 정답에 따른 설명은 쓰지 않는다.

아인슈타인은 상대성 이론을 발견한 과학자이다.,o
인간의 눈은 고양이보다 더욱 민감하다.,x
동물 중에서 가장 빠른 동물은 치타이다.,o
사탕은 설탕으로 만들어진다.,o
대한민국의 수도는 서울이다.,   o
달은 해보다 작은 크기를 가지고 있다.,o
우주에서 가장 큰 행성은 지구이다.,x
지구의 자전은 태양을 중심으로 일어난다.,x
벌레는 6개의 다리를 가지고 있다.,x
달팽이도 이빨이 있다.,o

④ 샘플 파일을 수정하지 않고 파일 추가를 눌러 그대로 업로드히면, 업로드된 문제를 미리보기로 확인할 수 있다. 게임 시작하기를 눌러 게임을 시작해 보자.

F. 퀴즈 달리기 플레이해 보기

① 게임 시작을 누르면 캐릭터가 출발선에 위치하게 된다. 문제를 풀며 빠르게 달려 보자.

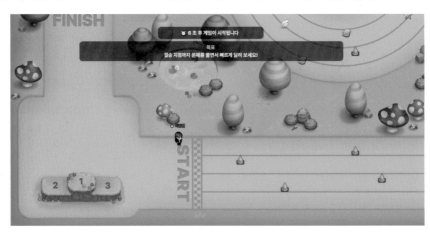

② 문제 구역에 진입하면 해당 구역의 문제가 메시지로 뜬다.

③ 정답을 맞히면 점수 10점을 얻게 된다.

④ 오답일 경우 점수 10점을 잃게 된다.

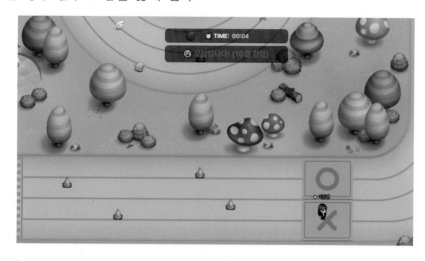

⑤ 우승할 경우 우승자의 이름이 메시지로 뜨고 나서 몇 초 후에 시상대로 이동된다.

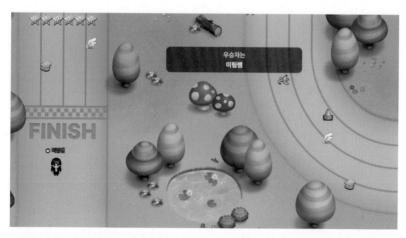

⑥ 퀴즈 달리기에서 우승하려면 빨리 들어오는 것보다 고득점을 얻는 것이 중요하니 신중하게 문제를 풀어 보자! 점수는 퀴즈를 통해 얻는 점수이고, 클리어 시간은 달리기 경주에 걸린 시간이다.

> 1st : 라이거 점수: 80점 / 클리어 시간 02:22 !
> 2nd : 미림쌤 점수: 30점 / 클리어 시간 02:20 !

⑦ 퀴즈 달리기에서 우승하여 시상대 아래 포털을 이용해 우주로 이동해 보자.

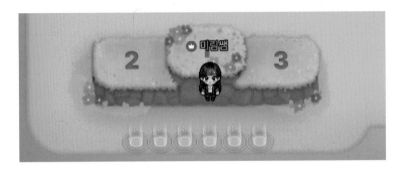

G. 우주 미로 퀴즈 맵 설정하기

① 우주 미로 퀴즈 맵의 전체적인 모습을 살펴보면 다음과 같다. 표시된 곳에서 출발하여 문제를 풀며 한 바퀴 돌아 우주선에 도착해야 한다.

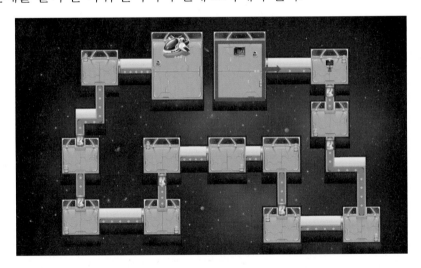

② 처음과 끝 방에 배치되어 있는 info 오브젝트는 외부 링크로 연결되므로 지우개로 삭제해 준다.

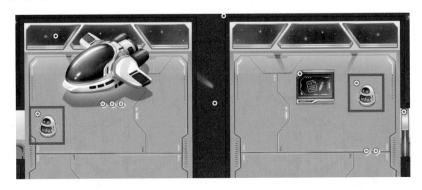

③ 문제는 문 오브젝트에 이미 객관식 혹은 주관식으로 설정되어 있다. 정답일 경우에 개인에게만 오브젝트 사라지기로 동일하게 설정한다. 이야기에 어울리도록 문제를 바꾸기만 하면 된다.

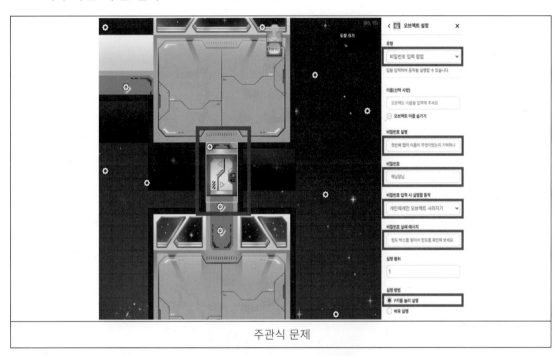

주관식 문제

객관식 문제

퀴즈 예시

→ 이 동물이 어머니를 잡아먹고 오누이를 해치려고 해! (호랑이)
→ 나무 위로 올라갈 때 이것을 발랐다고 거짓말을 했어. (참기름)
→ 나무를 오를 수 있는 진짜 방법은 이것으로 나무를 찍으면 돼! (도끼)
→ 하느님께서 오누이를 구하기 위해 이것을 내려 주셨어. (동아줄)
→ 호랑이가 집에 왔을 때 어머니인 척했을 때 오빠는 속지 않았다. (O)
→ 호랑이도 하느님께 동아줄을 내려 달라고 기도했고, 하느님께서는 이것을 내려 주셨다. (썩은 동아줄)
→ 호랑이는 떨어져 이 곡식을 키우는 밭에 떨어졌다고 한다. (수수)

④ 바꾼 문제에 맞게 각 방에 있는 힌트도 수정해 준다.

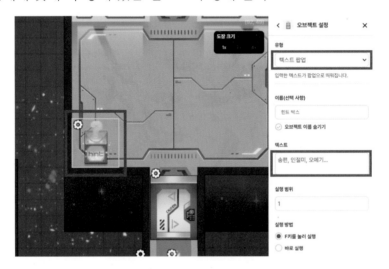

⑤ 마지막 도착지에 있는 우주선에 해님 달님 이야기 동영상을 볼 수 있도록 링크를 걸어 보는 것은 어떨까?

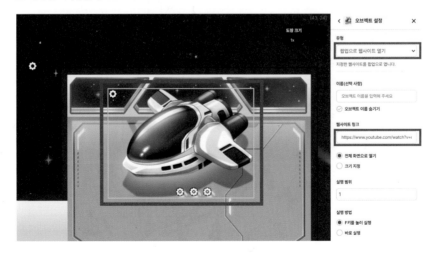

💡 ZEP 이야기 체험하기

입장코드: 13968243

📝 이야기 확장하기

⇨ 맵에 아이템을 더 추가해서 달리기 대결의 난이도를 올려 봐요!

⇨ 나만의 퀴즈를 만들어 친구들과 OX 퀴즈 달리기 대결을 해 봐요!

⇨ 호랑이는 어떻게 되었을까요? 이후 내용을 상상하여 맵을 더 만들어 봐요!

참고문헌

ZEP: zep·us/

모두를 위한 메타버스

스토리텔링 젭(ZEP) 크리에이터

─ 스토리텔링 기반으로 보다 쉽게 젭(ZEP) 만들기! ─

2024년 6월 5일   1판   1쇄   인 쇄
2024년 6월 15일   1판   1쇄   발 행

지 은 이 : 송해남·김태령·박미림·전혜린 공저

펴 낸 이 : 박   정   태

펴 낸 곳 : **주식회사 광문각출판미디어**

10881
파주시 파주출판문화도시 광인사길 161
광문각 B/D 3층
등   록 : 2022. 9. 2 제2022-000102호
전 화(代): 031-955-8787
팩   스 : 031-955-3730
E - mail : kwangmk7@hanmail.net
홈페이지 : www.kwangmoonkag.co.kr

ISBN : 979-11-93205-27-3   93000

값 : 18,000원

한국과학기술출판협회
Korean Science & Technology Publisher Association

불법복사는 지적재산을 훔치는 범죄행위입니다.
저작권법 제97조 제5(권리의 침해죄)에 따라 위반자는 5년 이하의
징역 또는 5천만원 이하의 벌금에 처하거나 이를 병과할 수 있습니다.

저자와 협의하여 인지를 생략합니다.